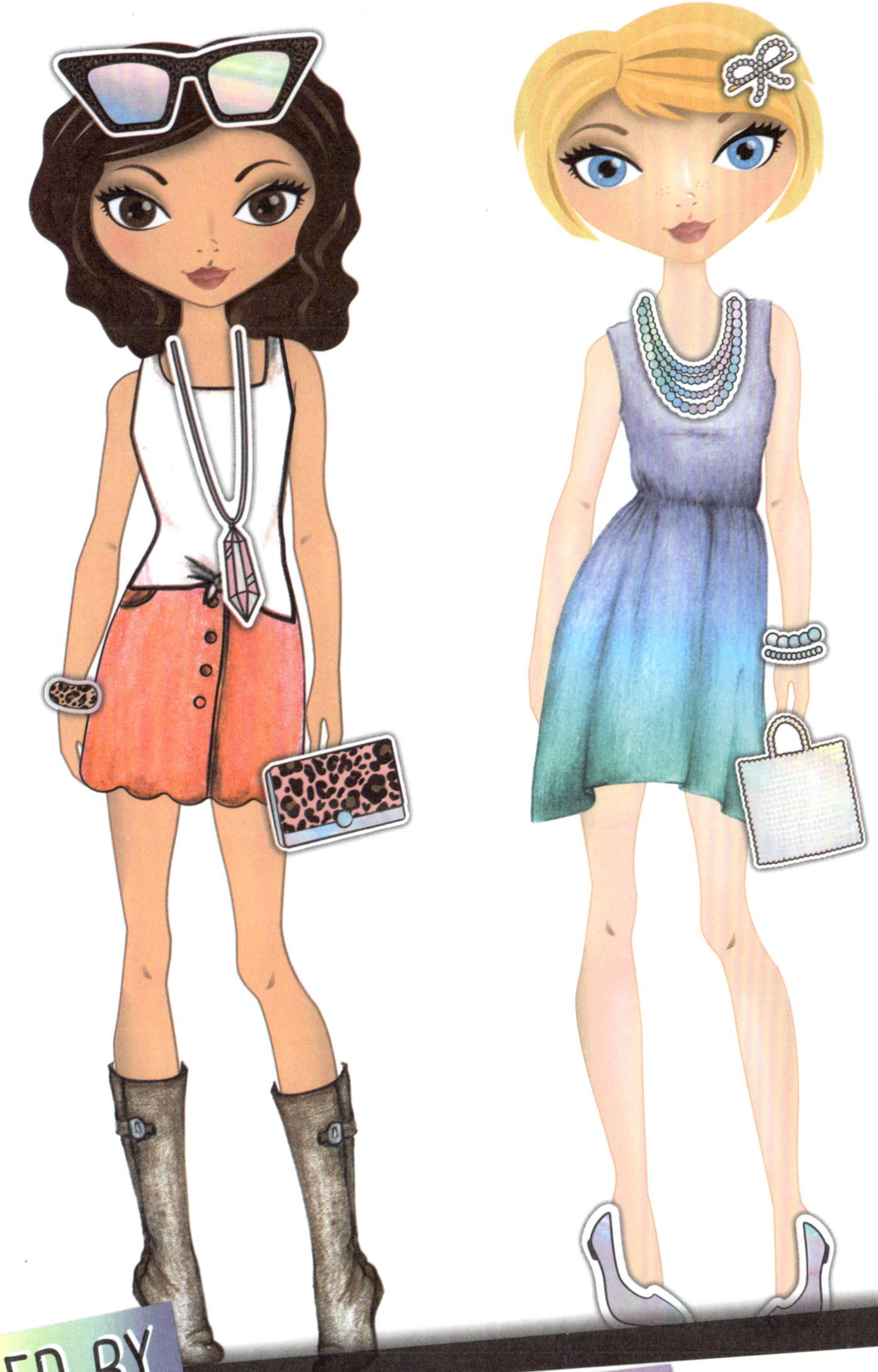

NAME · NOM · NOMBRE
D- NAMEN I- NOMI P- NOME NL- NAMEN
Girl's Day out!

DATE · DATE · FECHA
D- DATUM I- DATA P- DATA NL- DATUM
June 7

DETAILS · DÉTAILS · DETALLES
D- DETAILS I- DETTAGLI P- DETALHES NL- DETAILS
· Leopard Accessories
· Pearl purse
· Crystal necklace

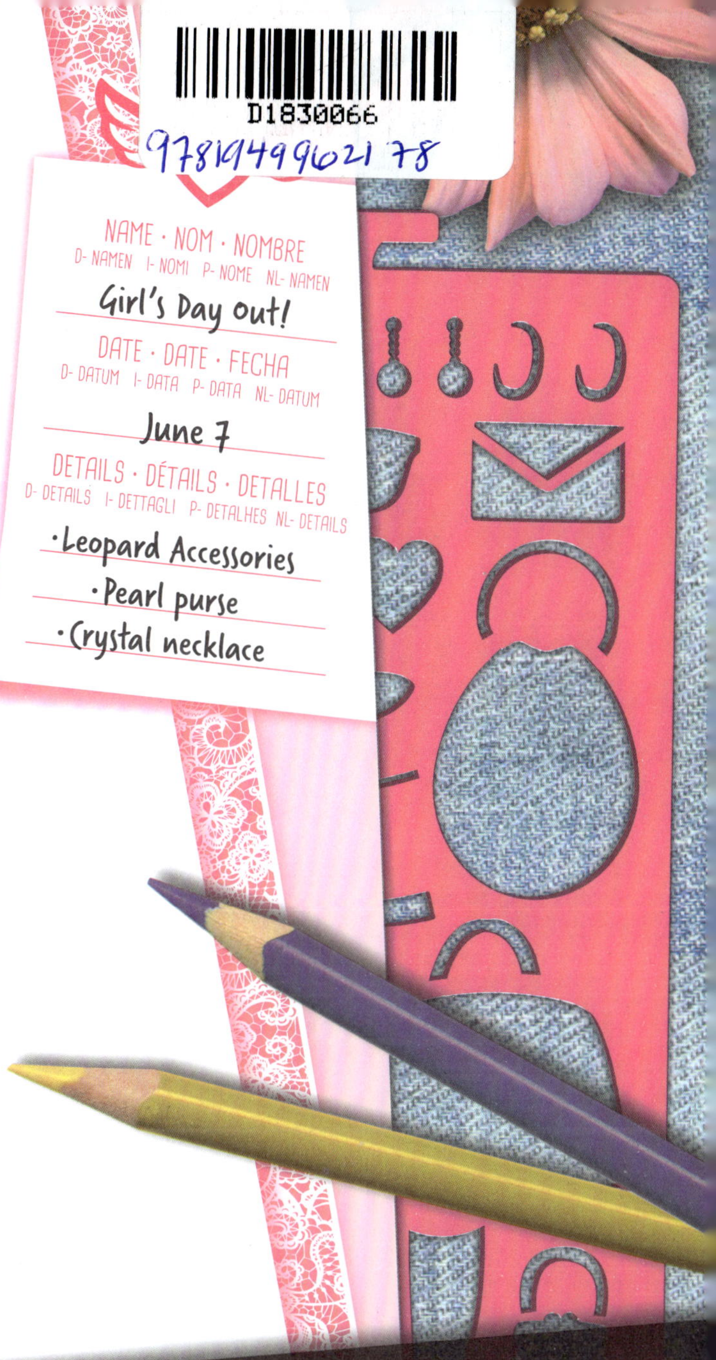

STYLED BY
STYLISTE · DISEÑADO POR
D- GESTYLT VON I- PRODOTTO DA P- ESTILISTA RESPONSÁVEL PELO DESENHO NL- GESTILEERD DOOR

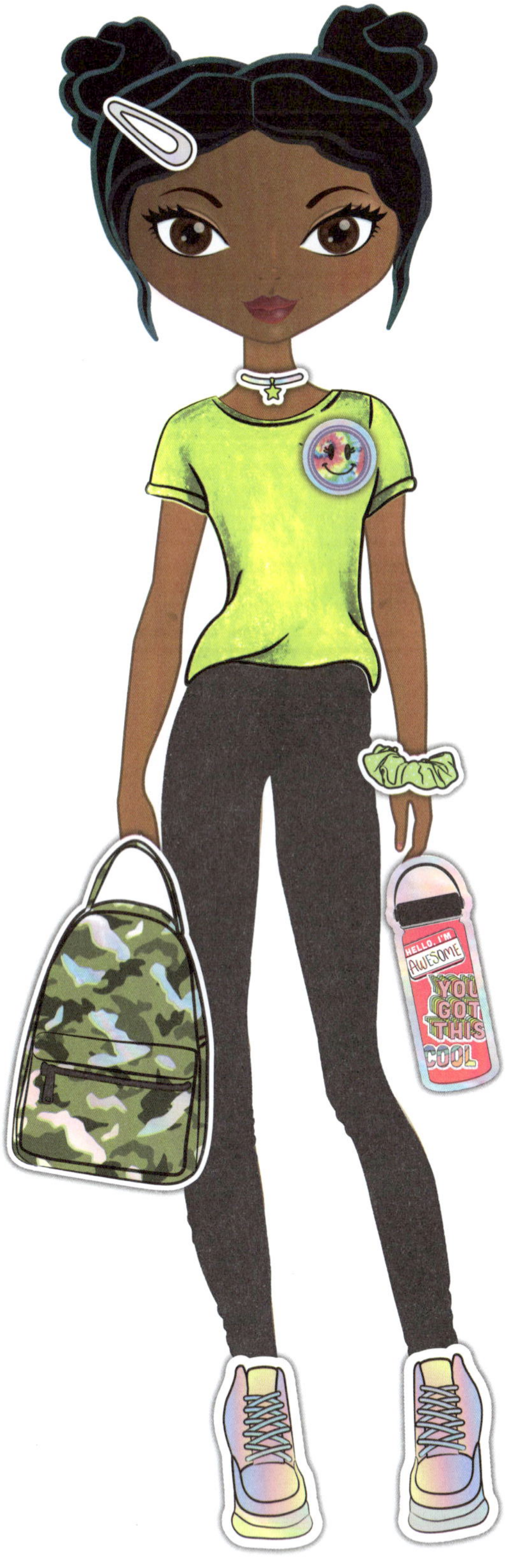

NAME · NOM · NOMBRE
D- NAMEN I- NOMI P- NOME NL- NAMEN

Sporty Girl

DATE · DATE · FECHA
D- DATUM I- DATA P- DATA NL- DATUM

September 1st

DETAILS · DÉTAILS · DETALLES
D- DETAILS I- DETTAGLI P- DETALHES NL- DETAILS

- Trendy accessories
- Lime Green shirt
- Cool sneakers

INSTRUCTIONS

INSTRUCTIONS · INSTRUCCIONES

D- ANLEITUNGEN I- ISTRUZIONI P- INSTRUÇÕES NL- INSTRUCTIES

1

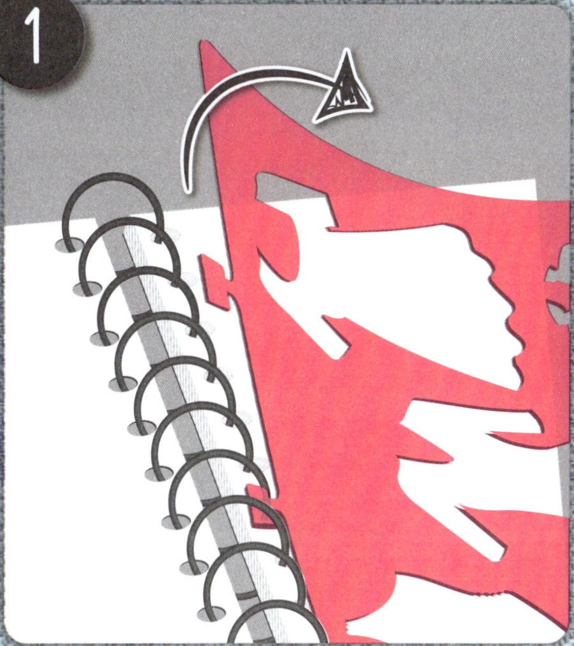

2

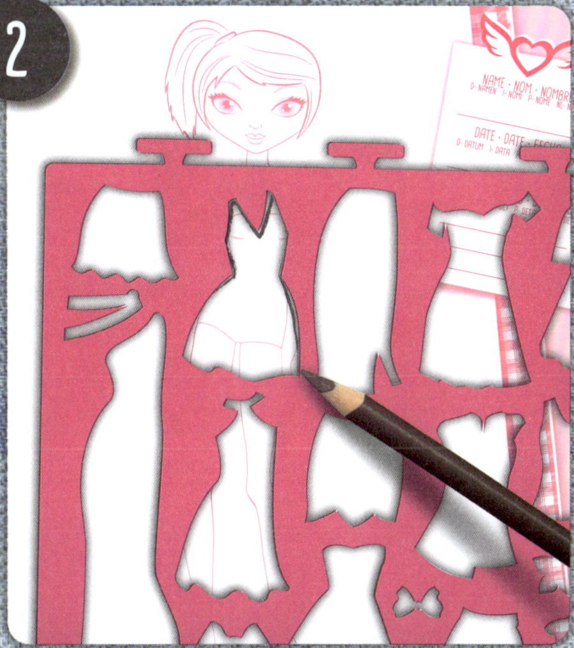

3

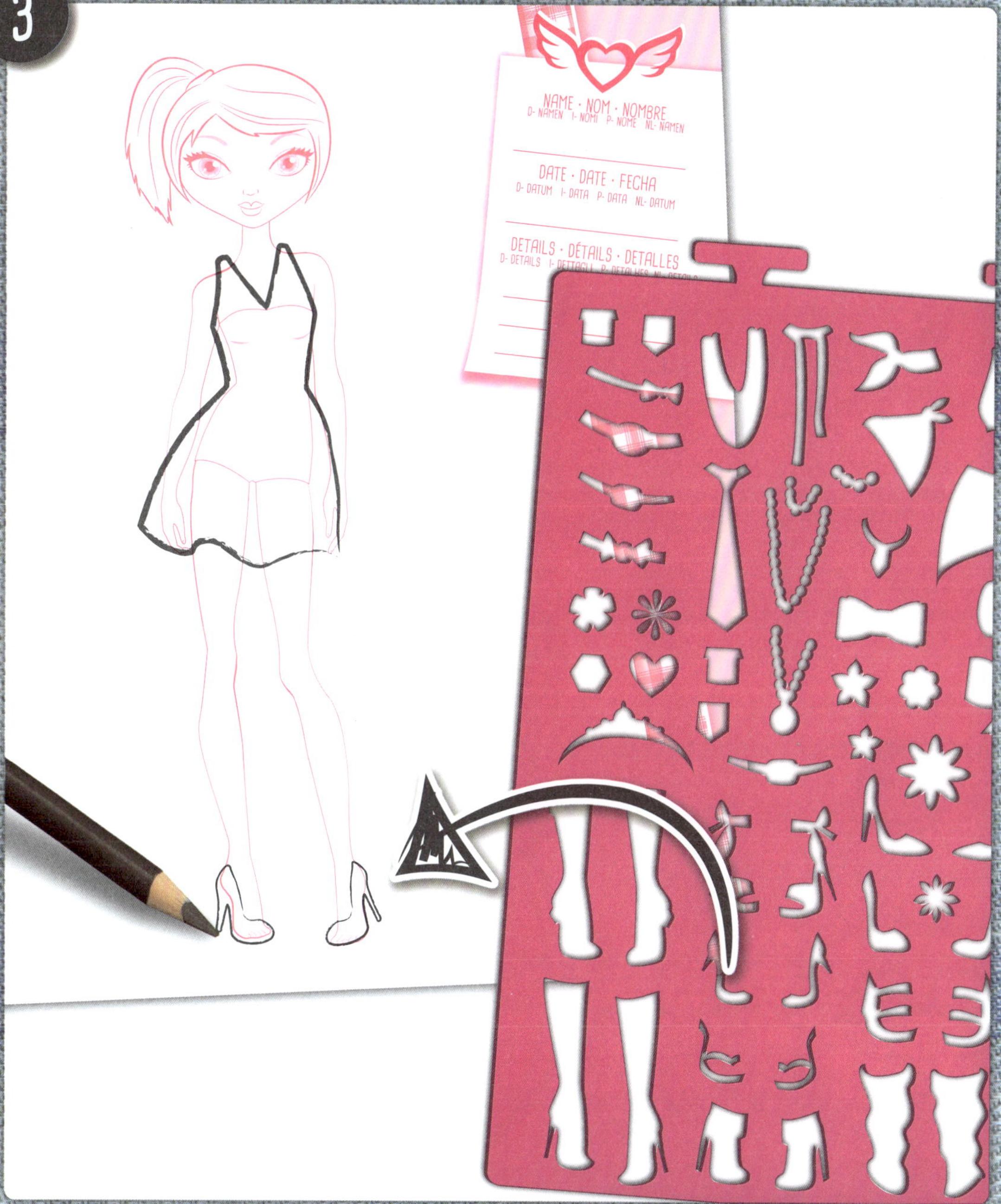

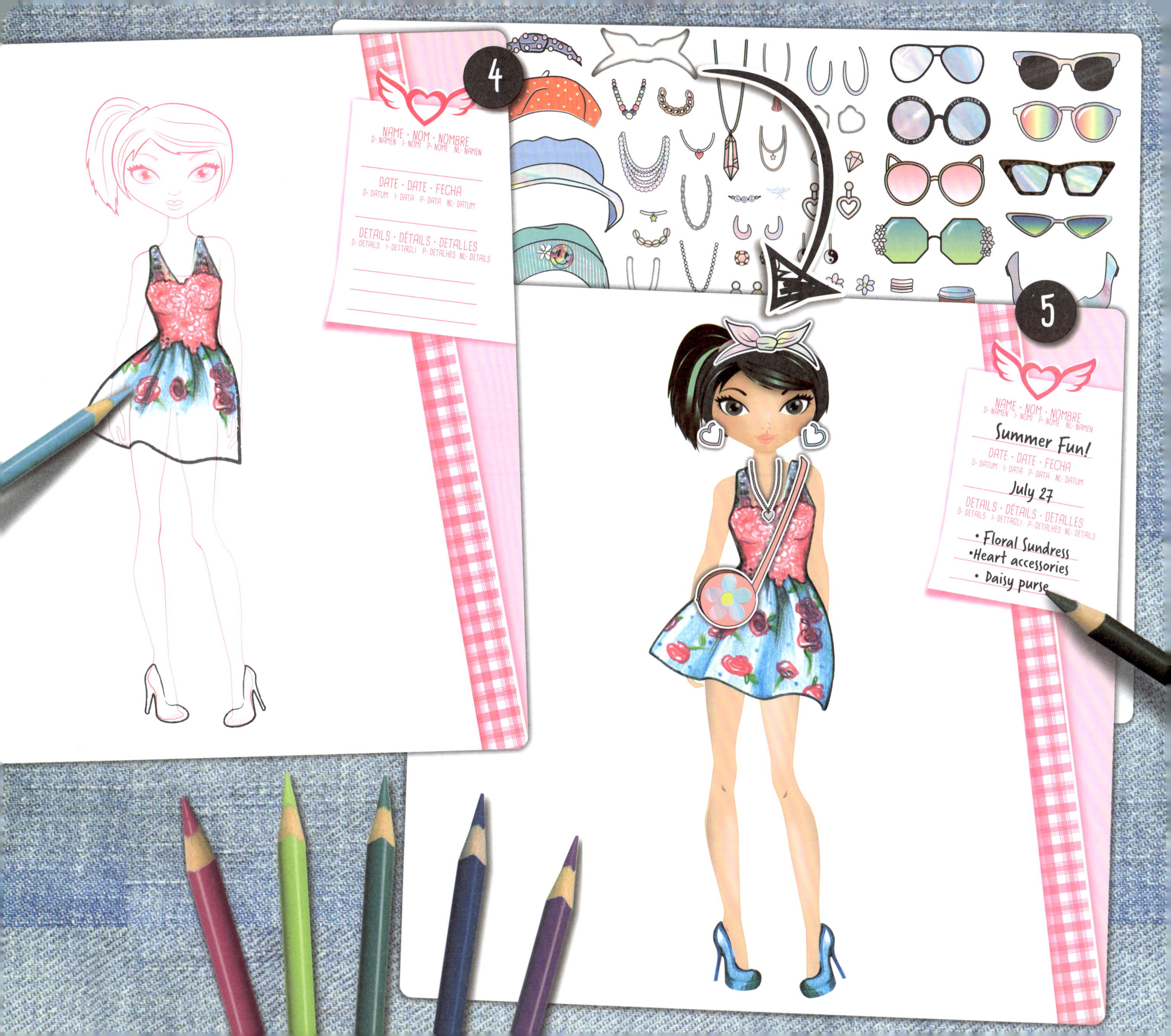
4
NAME · NOM · NOMBRE
D- NAMEN I- NOMI P- NOME NL- NAMEN
DATE · DATE · FECHA
D- DATUM I- DATA P- DATA NL- DATUM
DETAILS · DÉTAILS · DETALLES
D- DETAILS I- DETTAGLI P- DETALHES NL- DETAILS
5
NAME · NOM · NOMBRE
D- NAMEN I- NOMI P- NOME NL- NAMEN
Summer Fun!
DATE · DATE · FECHA
D- DATUM I- DATA P- DATA NL- DATUM
July 27
DETAILS · DÉTAILS · DETALLES
D- DETAILS I- DETTAGLI P- DETALHES NL- DETAILS
• Floral Sundress
• Heart accessories
• Daisy purse

SWATCHES

ÉCHANTILLONS · MUESTRAS DE TELAS

D- MUSTER I- CAMPIONI P- PADRÕES NL- STALEN

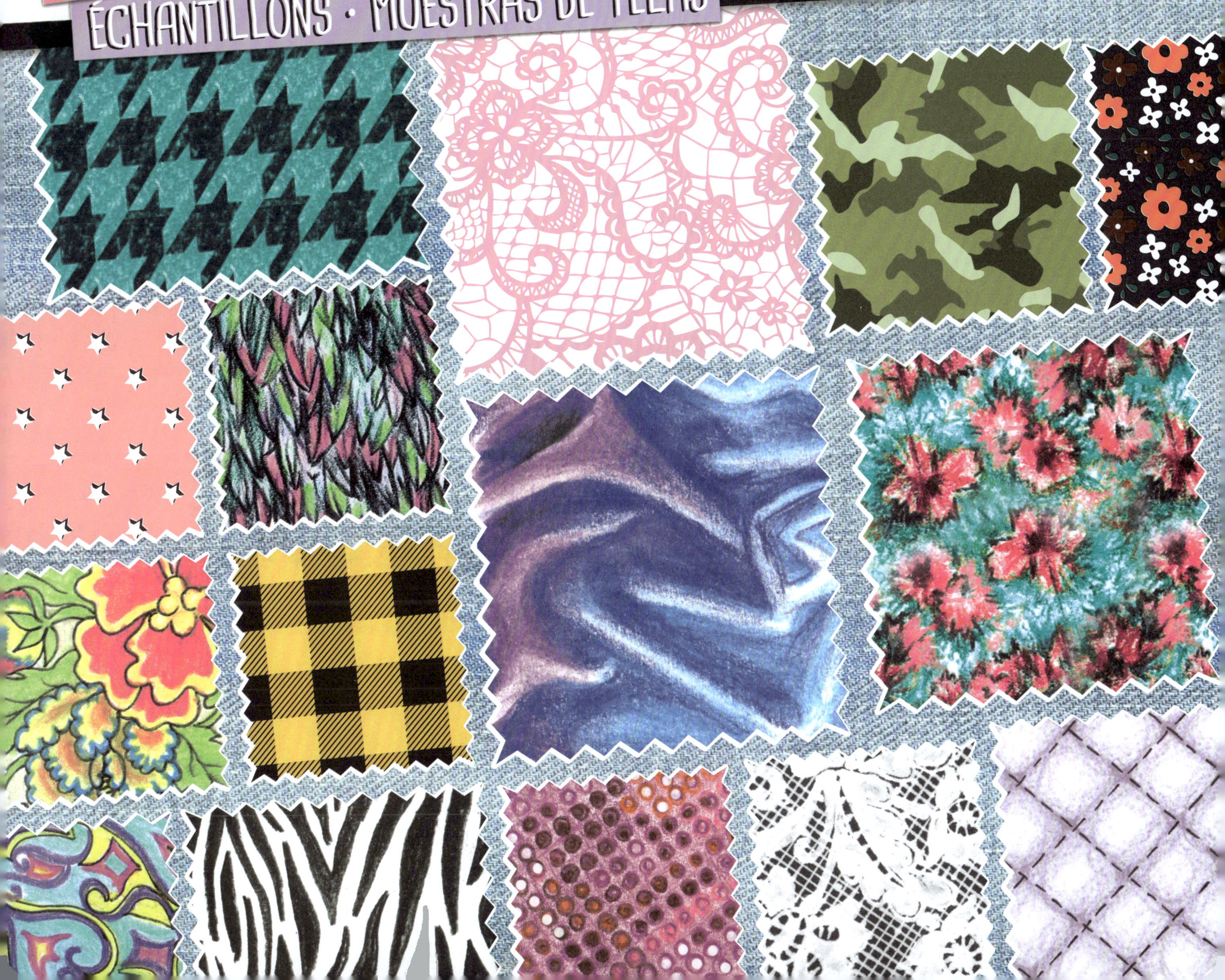

SWATCHES
ÉCHANTILLONS · MUESTRAS DE TELAS

D- MUSTER I- CAMPIONI P- PADRÕES NL- STALEN

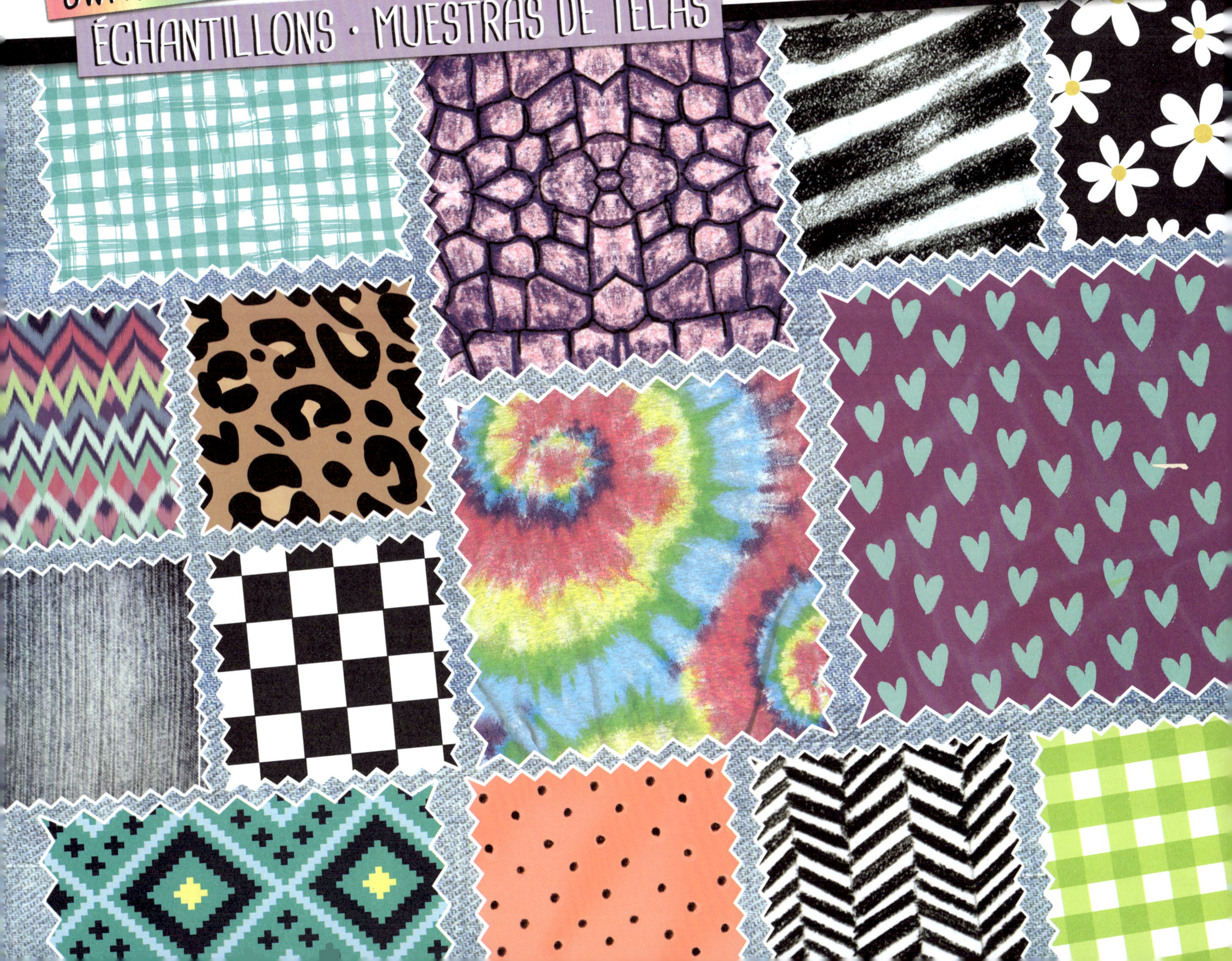

DETAILS
DÉTAILS · DETALLES

D- DETAILS I- DETTAGLI P- DETALHES NL- DETAILS

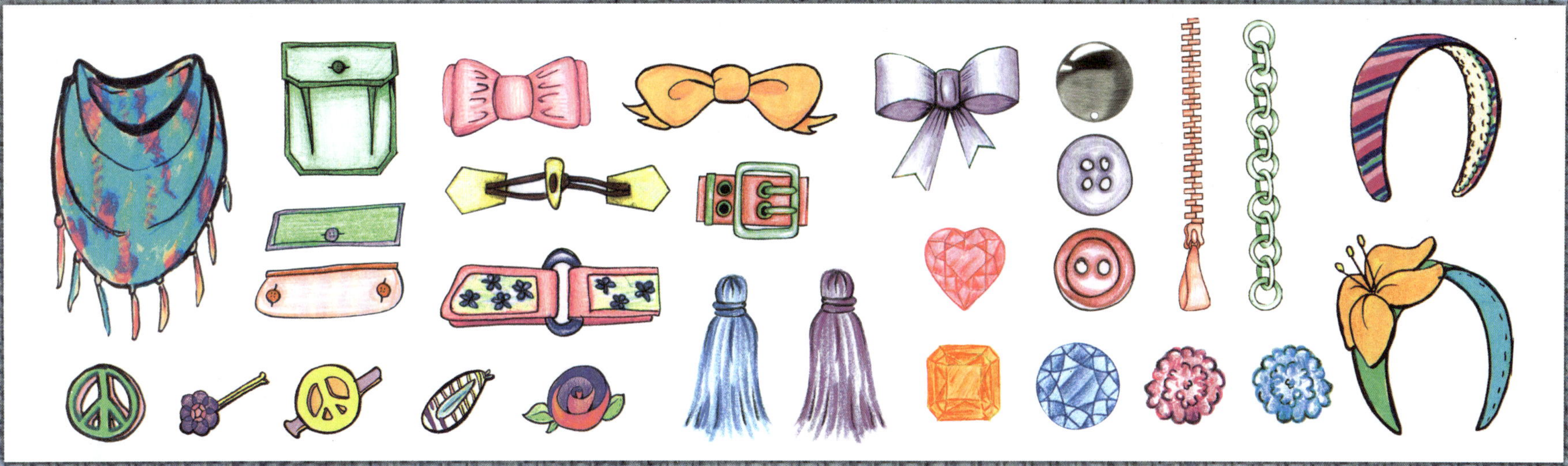

DESIGN YOUR ACCESSORIES
CRÉE TES ACCESSOIRES · DISEÑA TUS ACCESORIOS

D- ENTWERFE DEINE ACCESSOIRES I - DISEGNA I TUOI ACCESSORI
P- DESENHA OS TEUS ACESSÓRIOS NL- ONTWERP JE ACCESSOIRES

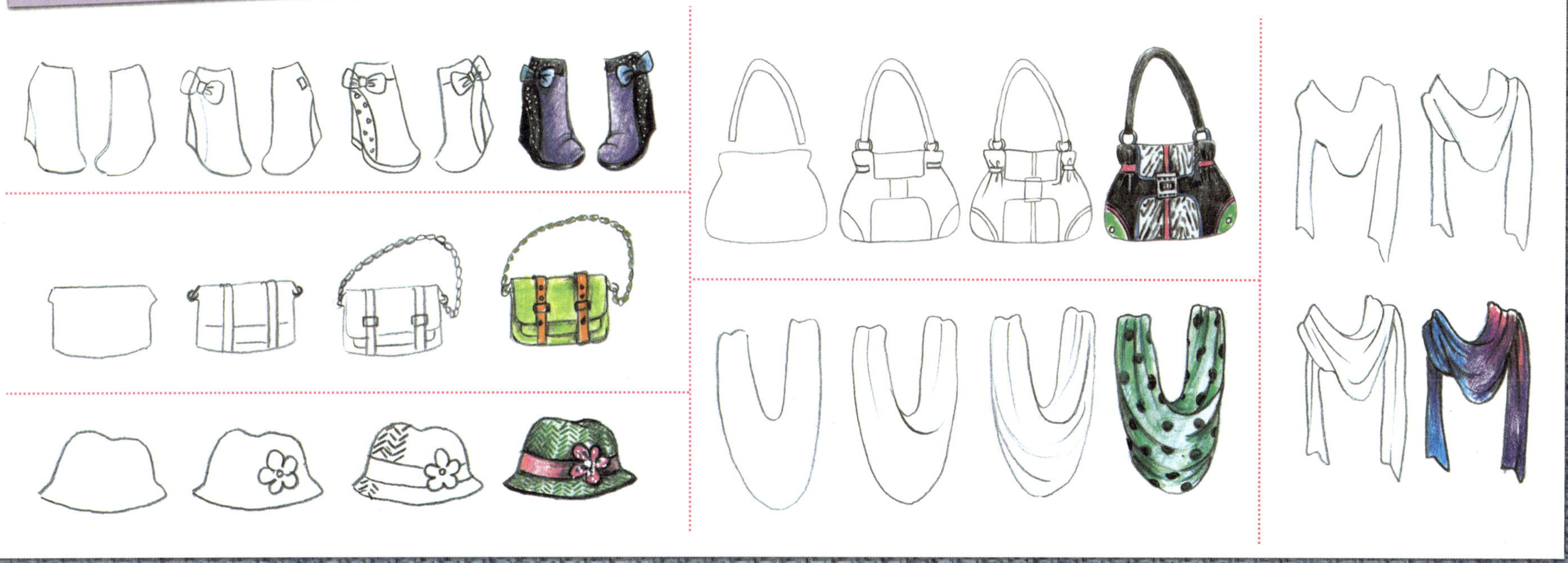

COLOR THEORY
THÉORIE DES COULEURS
TEORÍA SOBRE LOS COLORES

D- FARBENLEHRE I- TEORIA DEI COLORI P- TEORIA DAS CORES NL- TEORIA KOLORÓW

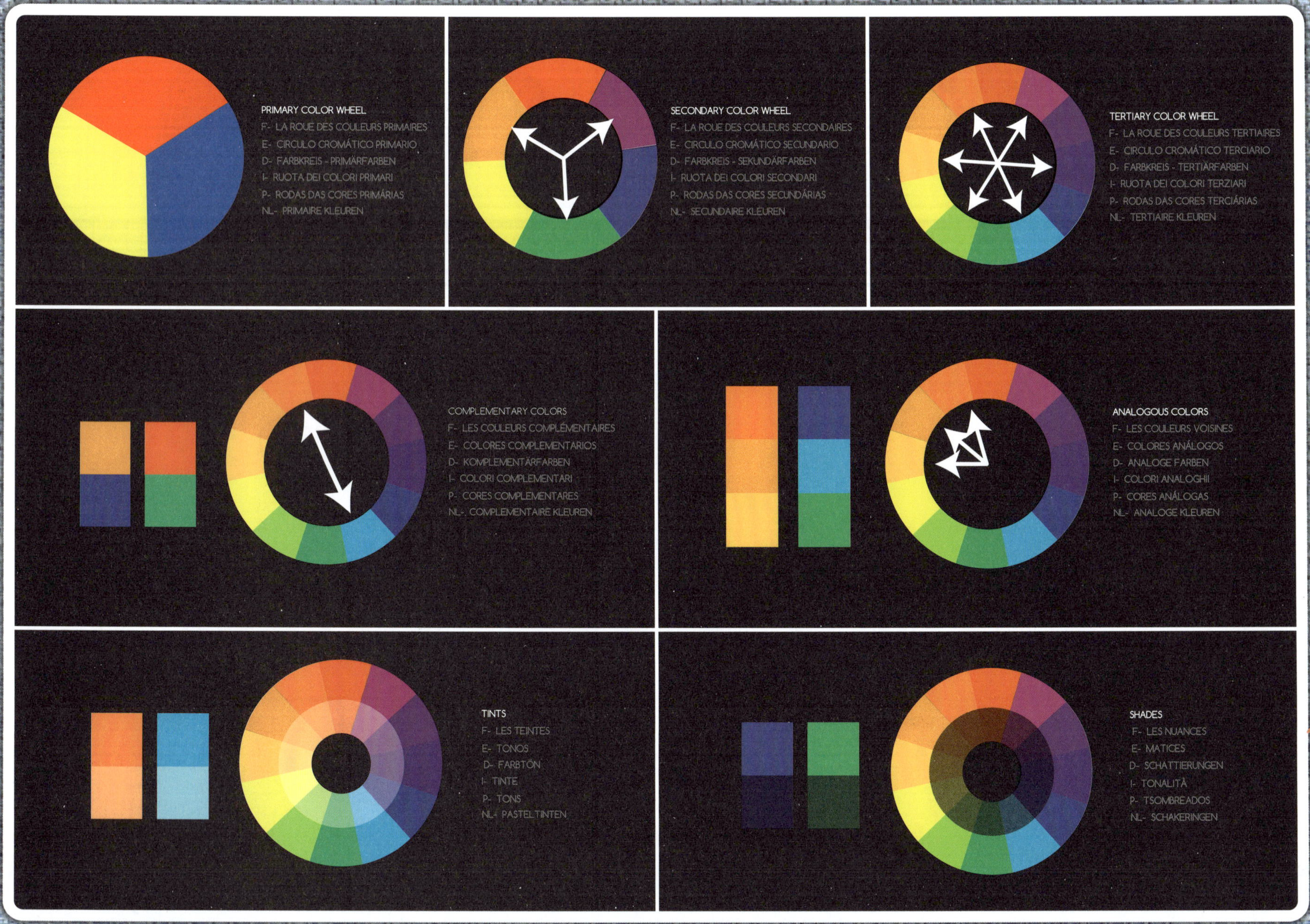

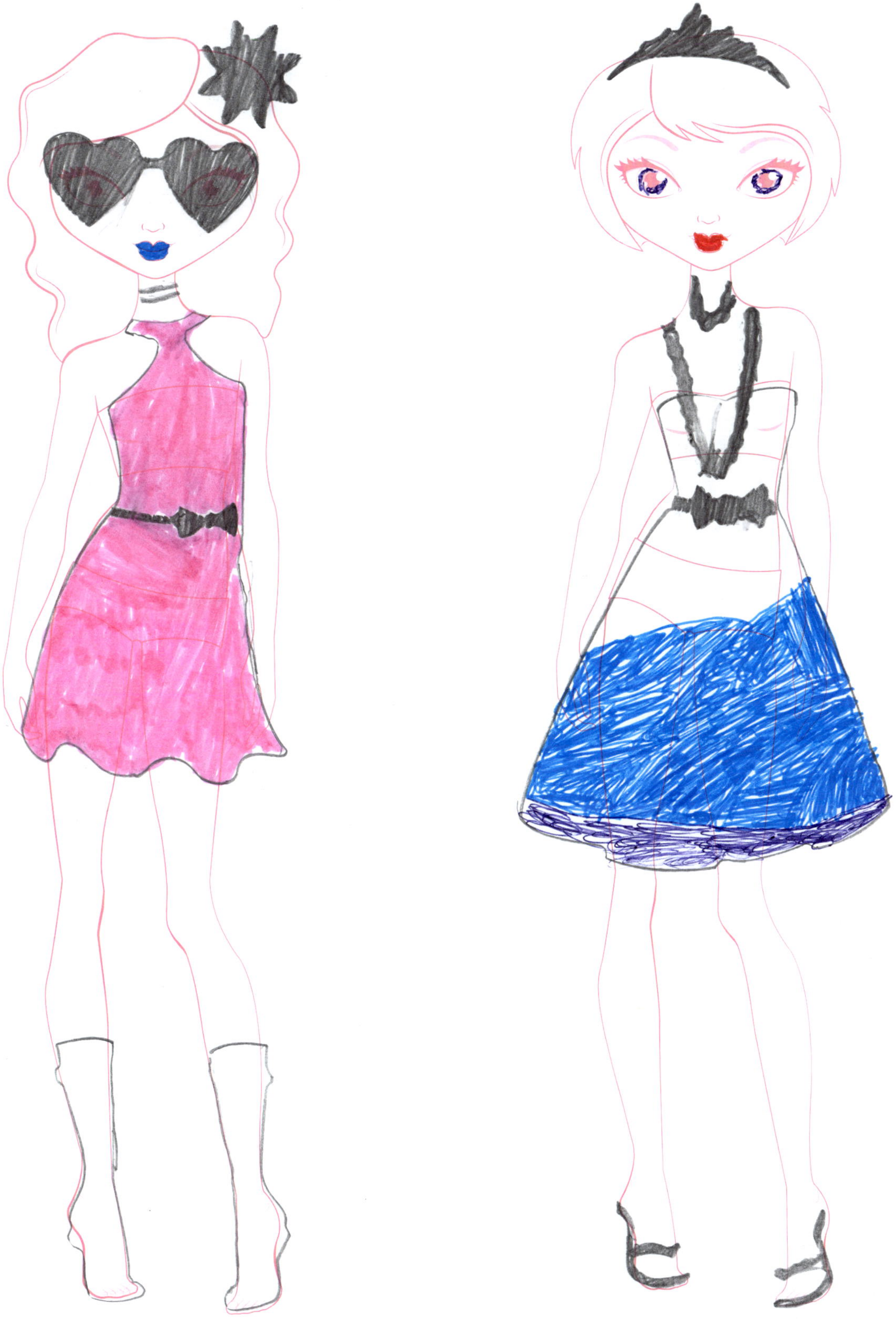

NAME · NOM · NOMBRE
D- NAMEN I- NOMI P- NOME NL- NAMEN

DATE · DATE · FECHA
D- DATUM I- DATA P- DATA NL- DATUM

DETAILS · DÉTAILS · DETALLES
D- DETAILS I- DETTAGLI P- DETALHES NL- DETAILS

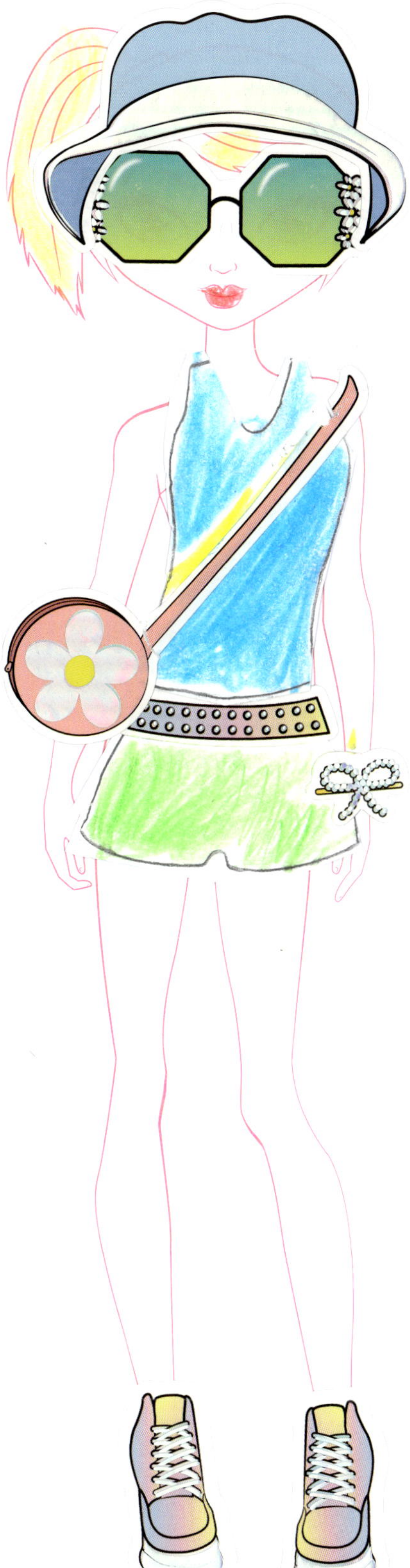

NAME · NOM · NOMBRE
D- NAMEN I- NOMI P- NOME NL- NAMEN

DATE · DATE · FECHA
D- DATUM I- DATA P- DATA NL- DATUM

DETAILS · DÉTAILS · DETALLES
D- DETAILS I- DETTAGLI P- DETALHES NL- DETAILS

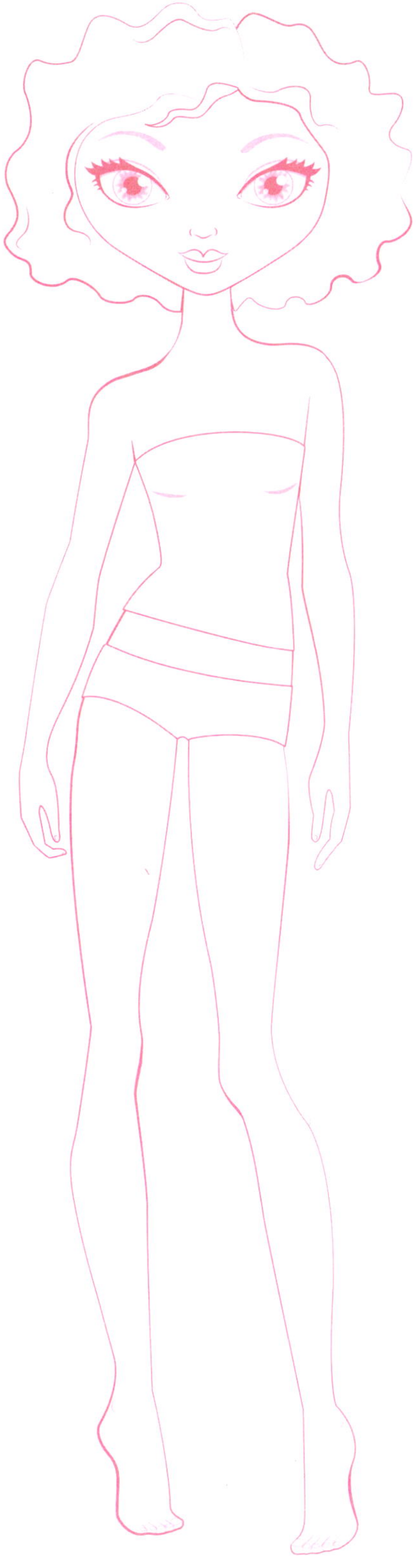

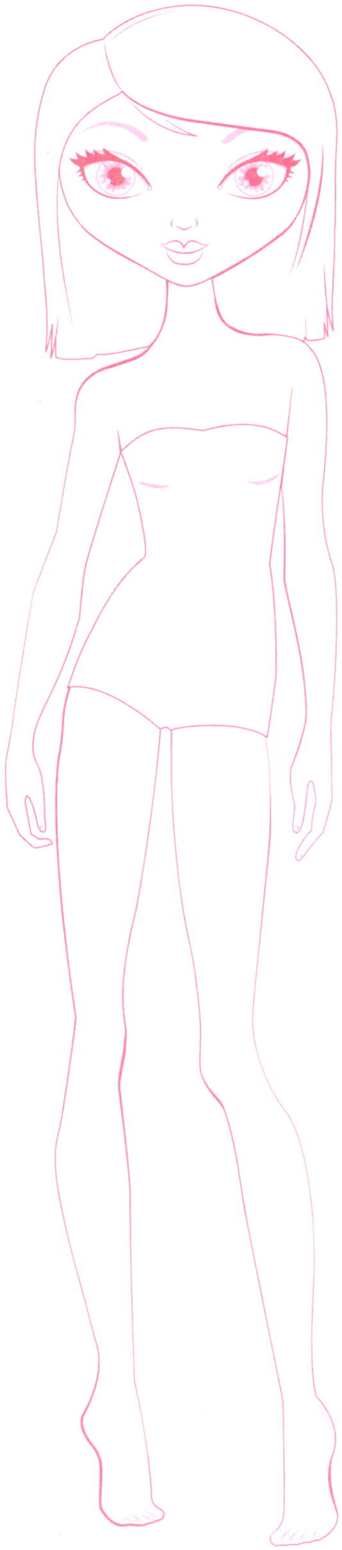

NAME · NOM · NOMBRE
D- NAMEN I- NOMI P- NOME NL- NAMEN

DATE · DATE · FECHA
D- DATUM I- DATA P- DATA NL- DATUM

DETAILS · DÉTAILS · DETALLES
D- DETAILS I- DETTAGLI P- DETALHES NL- DETAILS

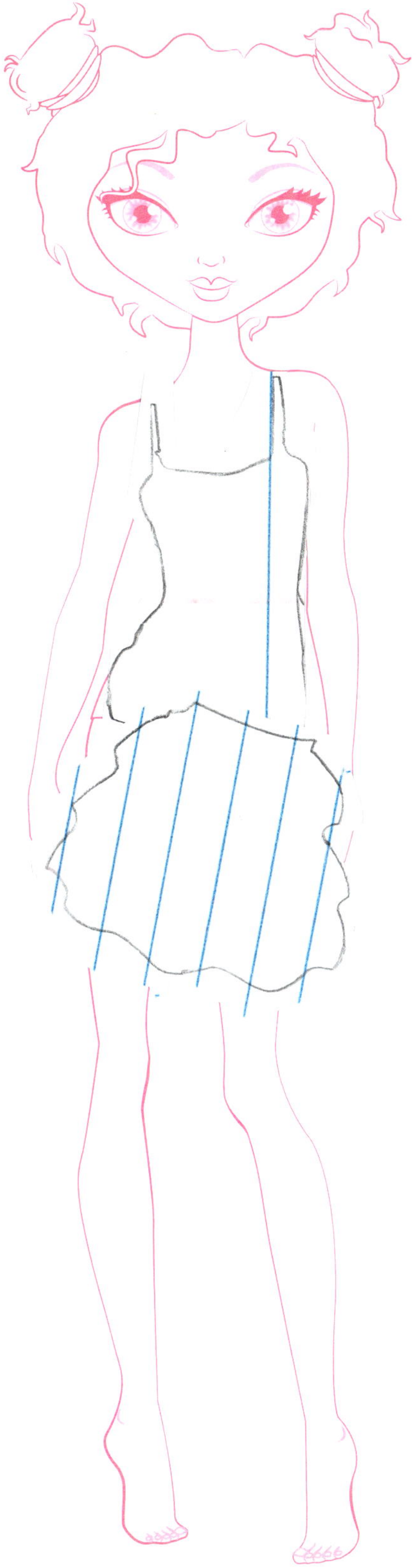

NAME · NOM · NOMBRE
D- NAMEN I- NOMI P- NOME NL- NAMEN

DATE · DATE · FECHA
D- DATUM I- DATA P- DATA NL- DATUM

DETAILS · DÉTAILS · DETALLES
D- DETAILS I- DETTAGLI P- DETALHES NL- DETAILS

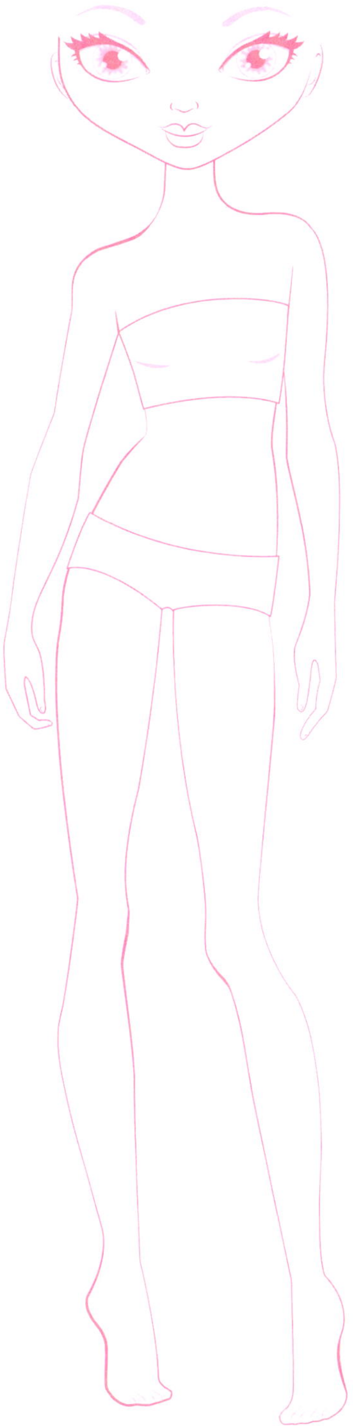

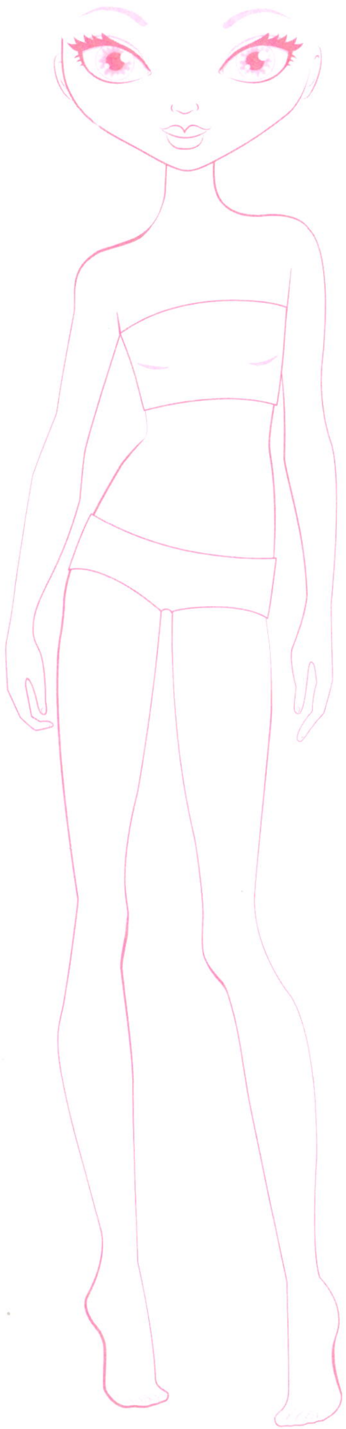

NAME · NOM · NOMBRE
D- NAMEN I- NOMI P- NOME NL- NAMEN

DATE · DATE · FECHA
D- DATUM I- DATA P- DATA NL- DATUM

DETAILS · DÉTAILS · DETALLES
D- DETAILS I- DETTAGLI P- DETALHES NL- DETAILS

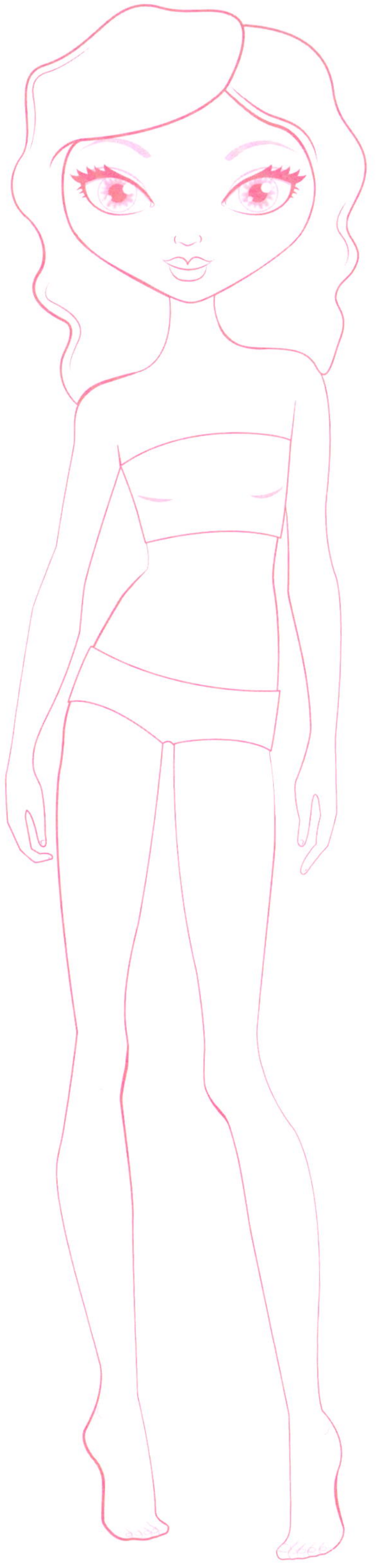

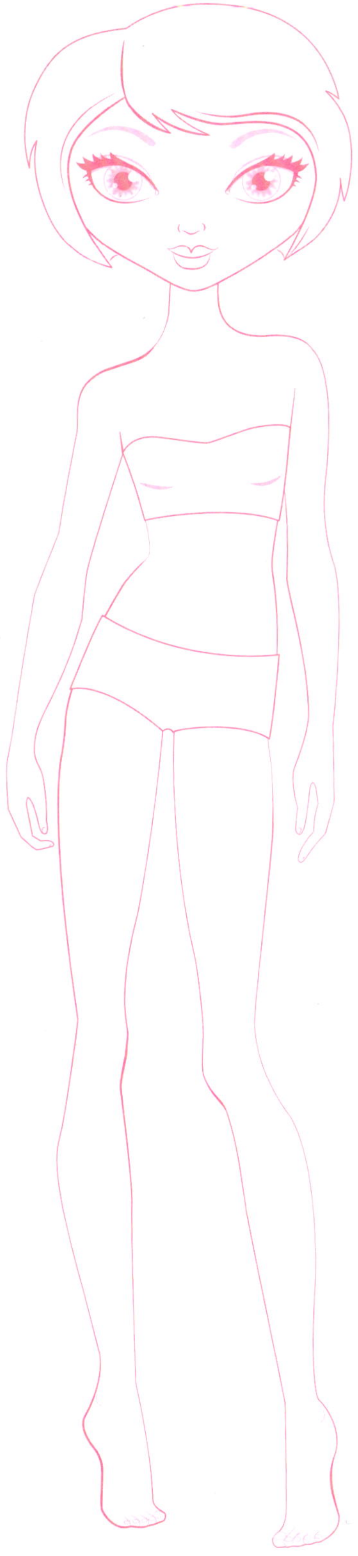

NAME · NOM · NOMBRE
D- NAMEN I- NOMI P- NOME NL- NAMEN

DATE · DATE · FECHA
D- DATUM I- DATA P- DATA NL- DATUM

DETAILS · DÉTAILS · DETALLES
D- DETAILS I- DETTAGLI P- DETALHES NL- DETAILS

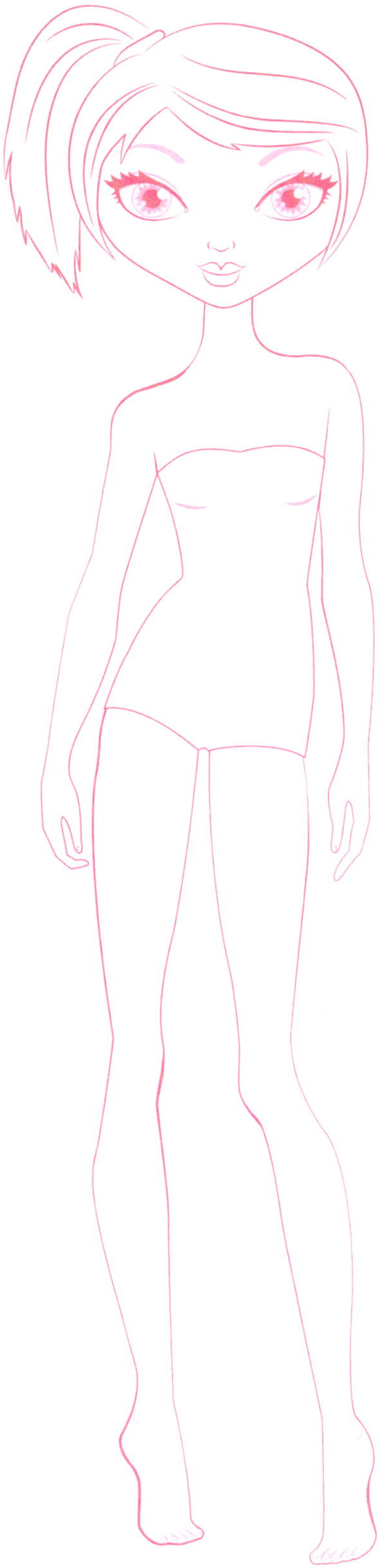

NAME · NOM · NOMBRE
D- NAMEN I- NOMI P- NOME NL- NAMEN

DATE · DATE · FECHA
D- DATUM I- DATA P- DATA NL- DATUM

DETAILS · DÉTAILS · DETALLES
D- DETAILS I- DETTAGLI P- DETALHES NL- DETAILS

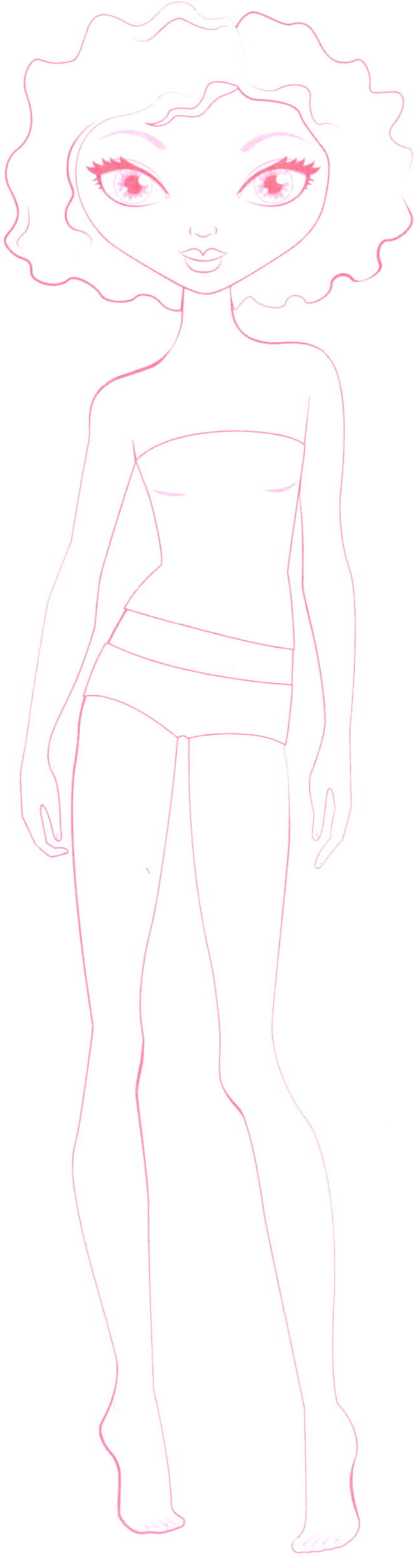

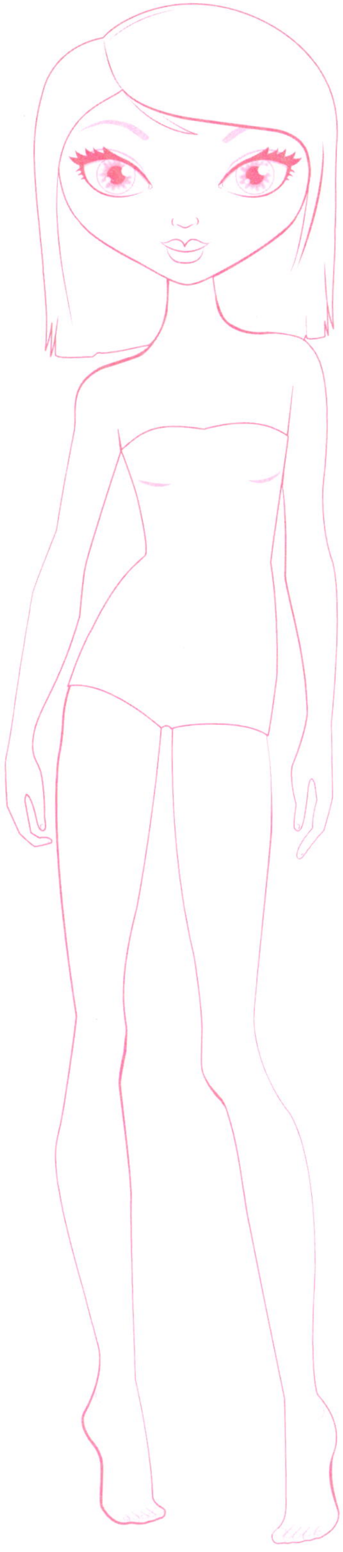

NAME · NOM · NOMBRE
D- NAMEN I- NOMI P- NOME NL- NAMEN

DATE · DATE · FECHA
D- DATUM I- DATA P- DATA NL- DATUM

DETAILS · DÉTAILS · DETALLES
D- DETAILS I- DETTAGLI P- DETALHES NL- DETAILS

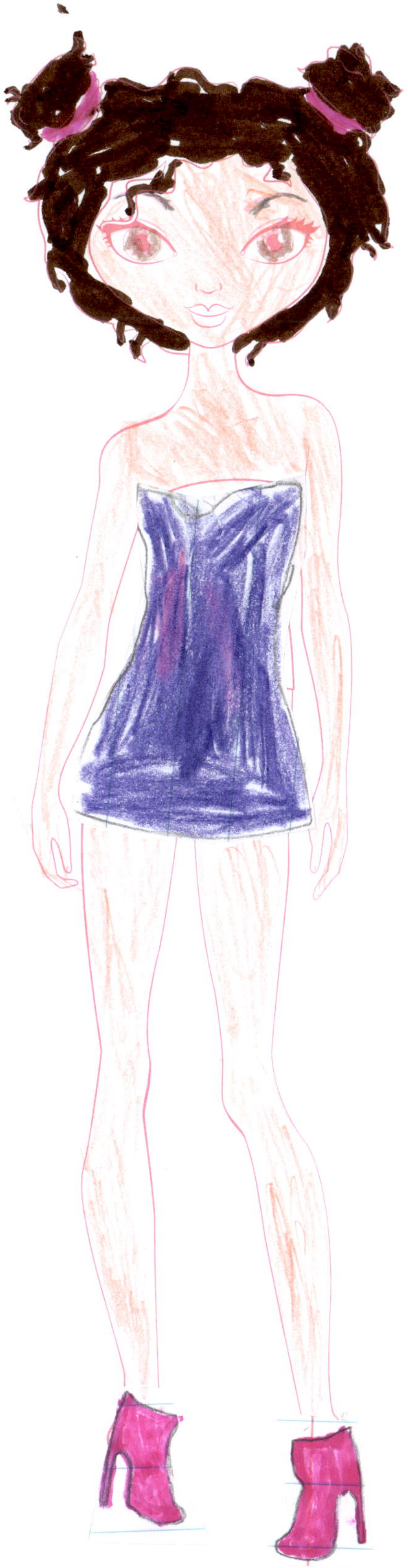

NAME · NOM · NOMBRE
D- NAMEN I- NOMI P- NOME NL- NAMEN

DATE · DATE · FECHA
D- DATUM I- DATA P- DATA NL- DATUM

DETAILS · DÉTAILS · DETALLES
D- DETAILS I- DETTAGLI P- DETALHES NL- DETAILS

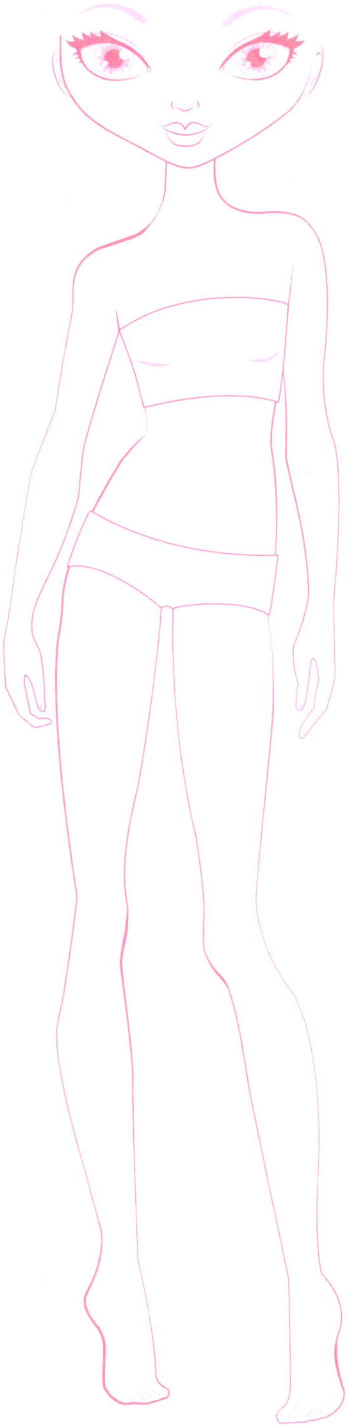

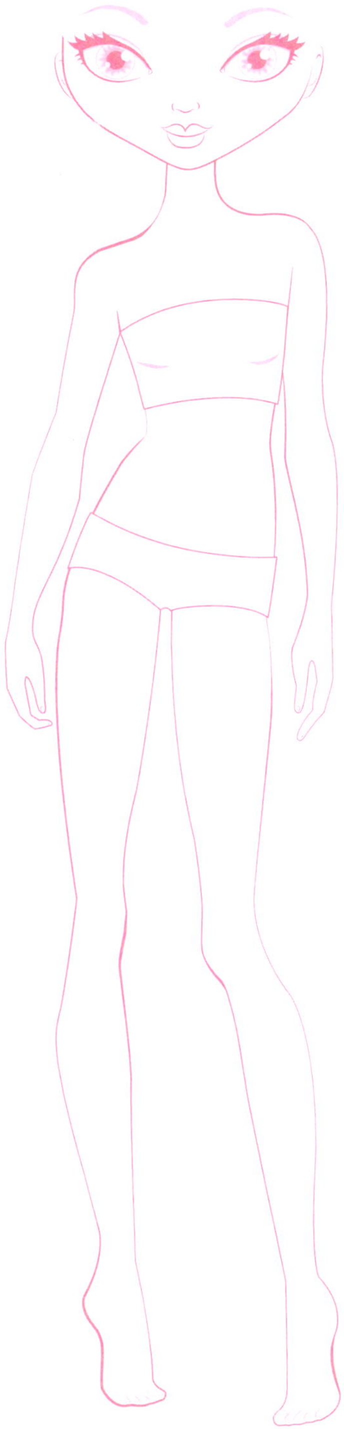

NAME · NOM · NOMBRE
D- NAMEN I- NOMI P- NOME NL- NAMEN

DATE · DATE · FECHA
D- DATUM I- DATA P- DATA NL- DATUM

DETAILS · DÉTAILS · DETALLES
D- DETAILS I- DETTAGLI P- DETALHES NL- DETAILS

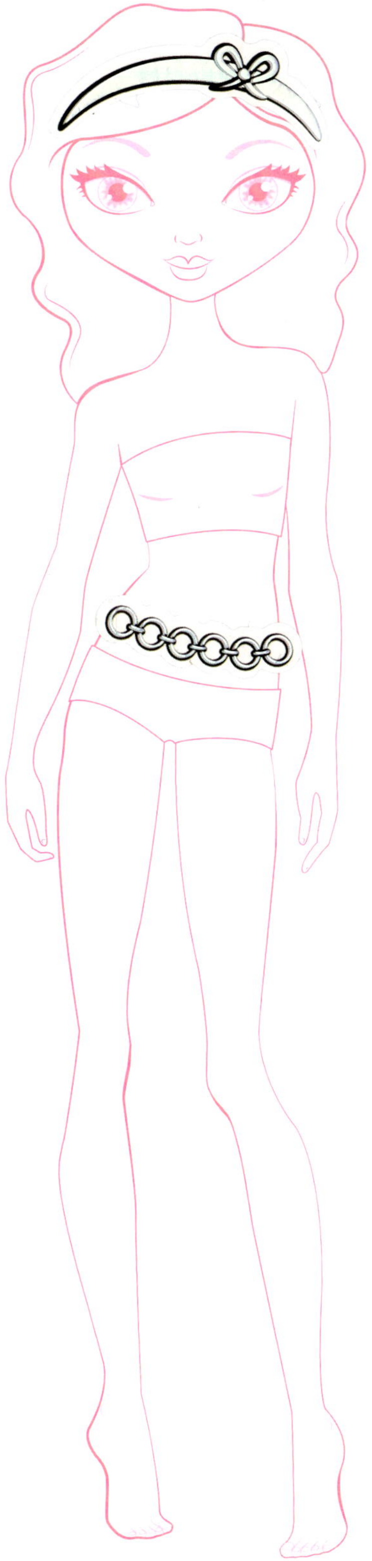

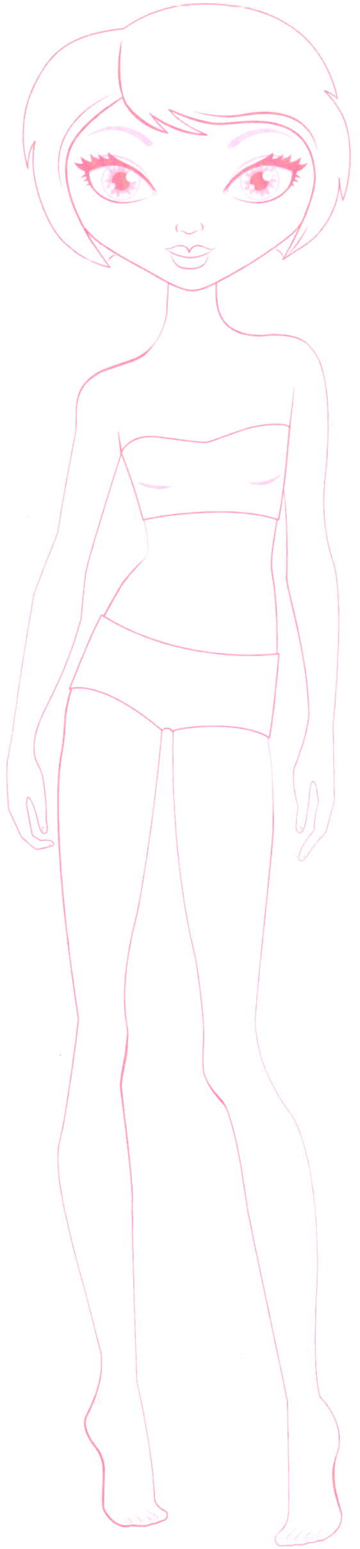

NAME · NOM · NOMBRE
D- NAMEN I- NOMI P- NOME NL- NAMEN

DATE · DATE · FECHA
D- DATUM I- DATA P- DATA NL- DATUM

DETAILS · DÉTAILS · DETALLES
D- DETAILS I- DETTAGLI P- DETALHES NL- DETAILS

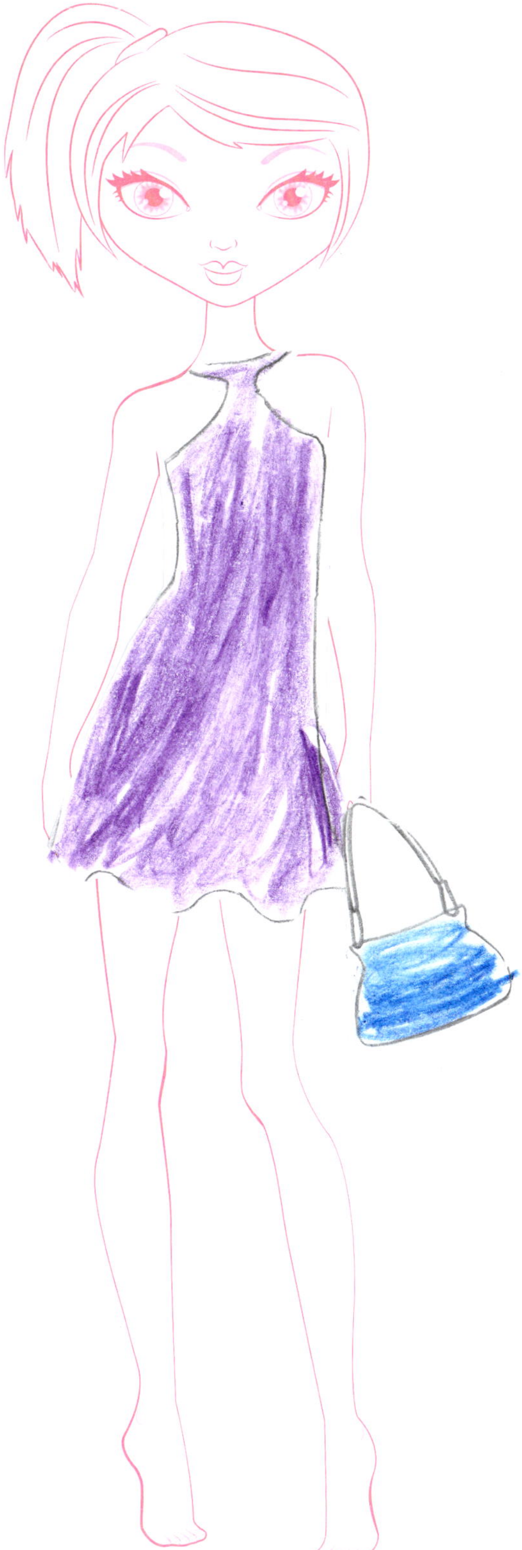

NAME · NOM · NOMBRE
D- NAMEN I- NOMI P- NOME NL- NAMEN

DATE · DATE · FECHA
D- DATUM I- DATA P- DATA NL- DATUM

DETAILS · DÉTAILS · DETALLES
D- DETAILS I- DETTAGLI P- DETALHES NL- DETAILS

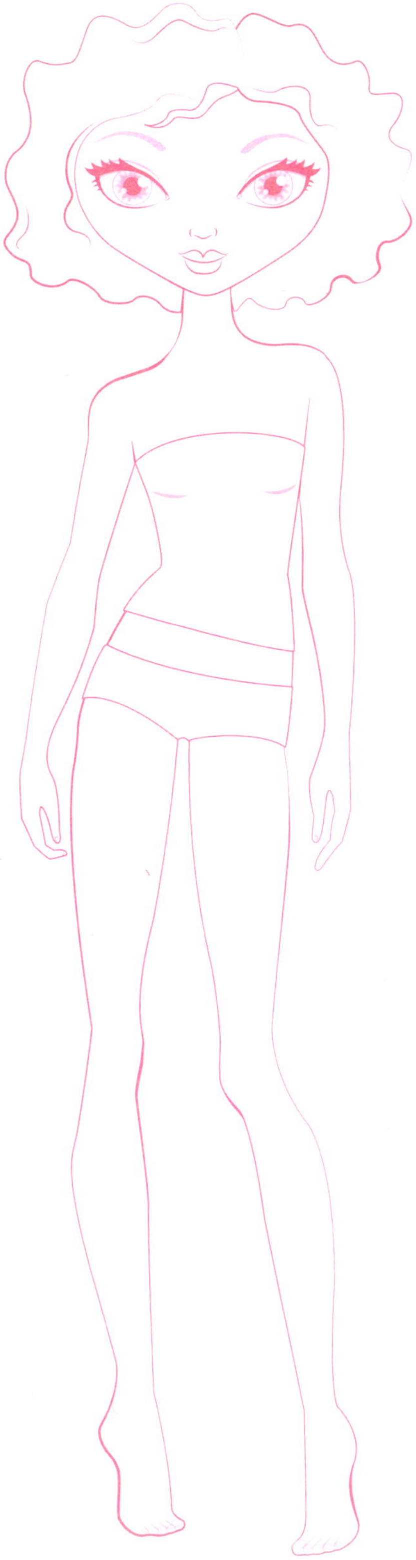

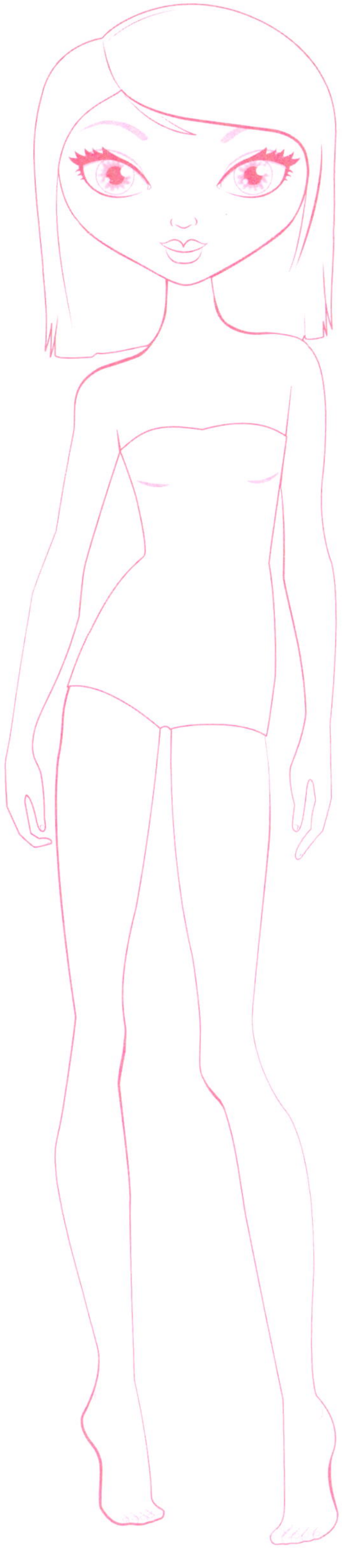

NAME · NOM · NOMBRE
D- NAMEN I- NOMI P- NOME NL- NAMEN

DATE · DATE · FECHA
D- DATUM I- DATA P- DATA NL- DATUM

DETAILS · DÉTAILS · DETALLES
D- DETAILS I- DETTAGLI P- DETALHES NL- DETAILS

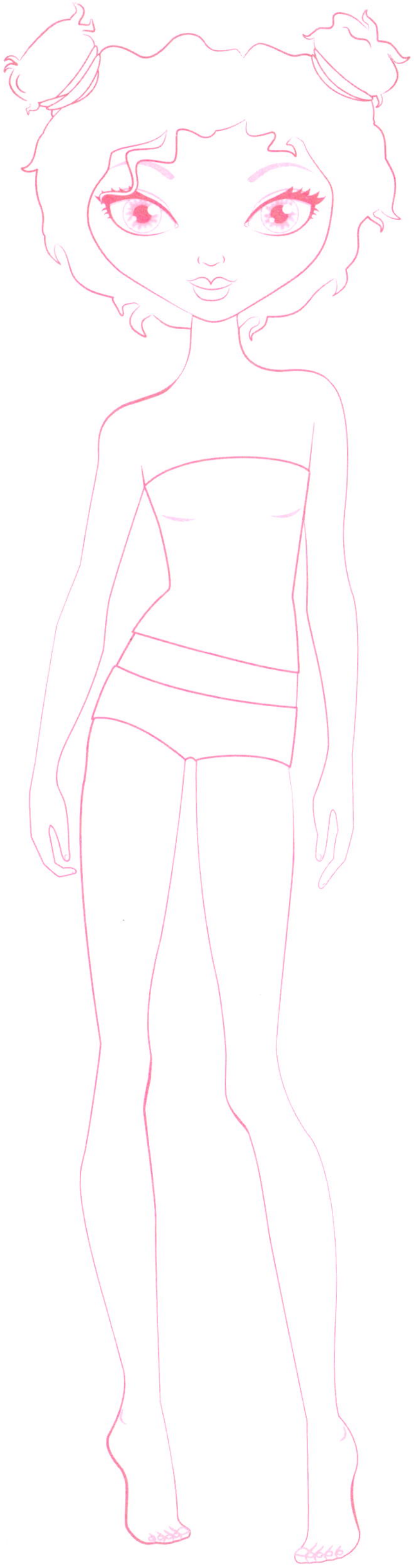

NAME · NOM · NOMBRE
D- NAMEN I- NOMI P- NOME NL- NAMEN

DATE · DATE · FECHA
D- DATUM I- DATA P- DATA NL- DATUM

DETAILS · DÉTAILS · DETALLES
D- DETAILS I- DETTAGLI P- DETALHES NL- DETAILS

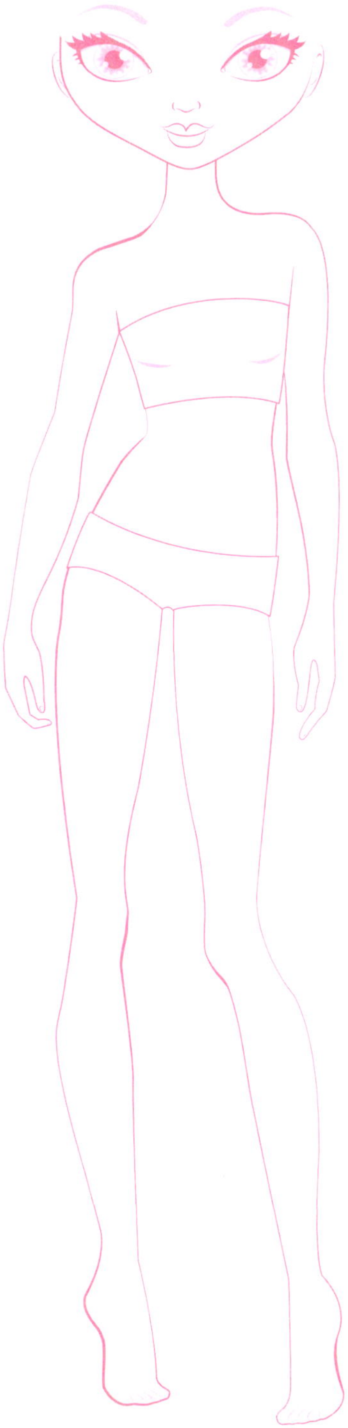

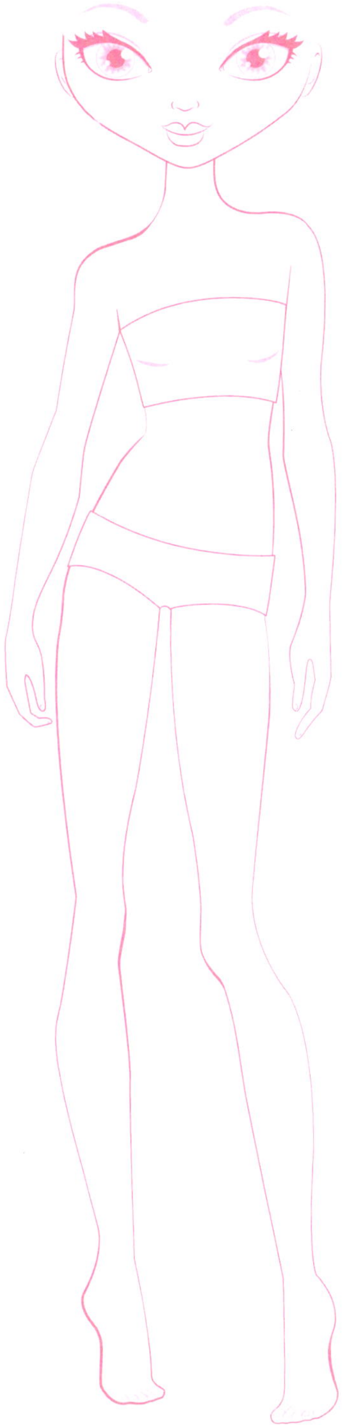

NAME · NOM · NOMBRE
D- NAMEN I- NOMI P- NOME NL- NAMEN

DATE · DATE · FECHA
D- DATUM I- DATA P- DATA NL- DATUM

DETAILS · DÉTAILS · DETALLES
D- DETAILS I- DETTAGLI P- DETALHES NL- DETAILS

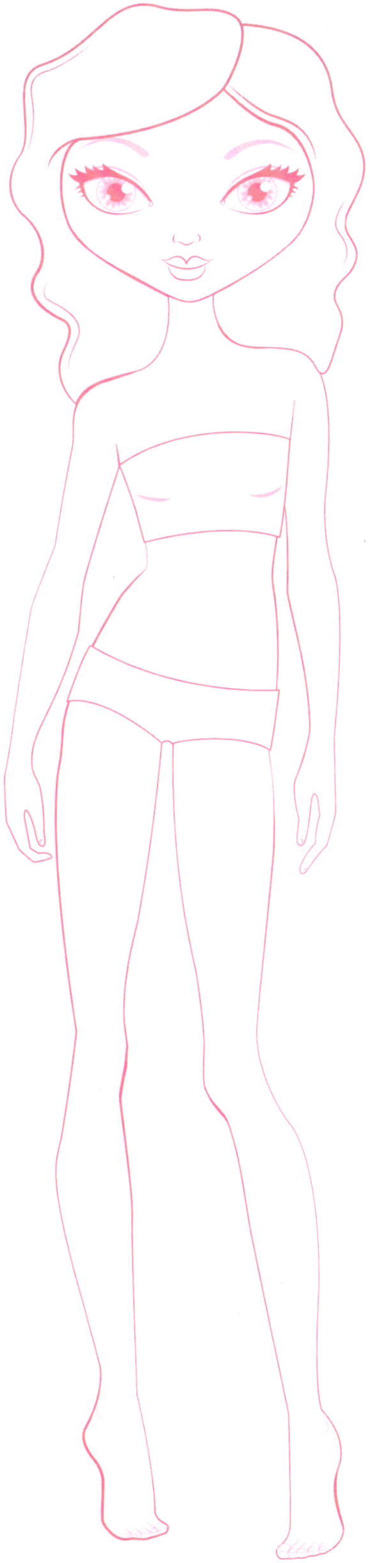

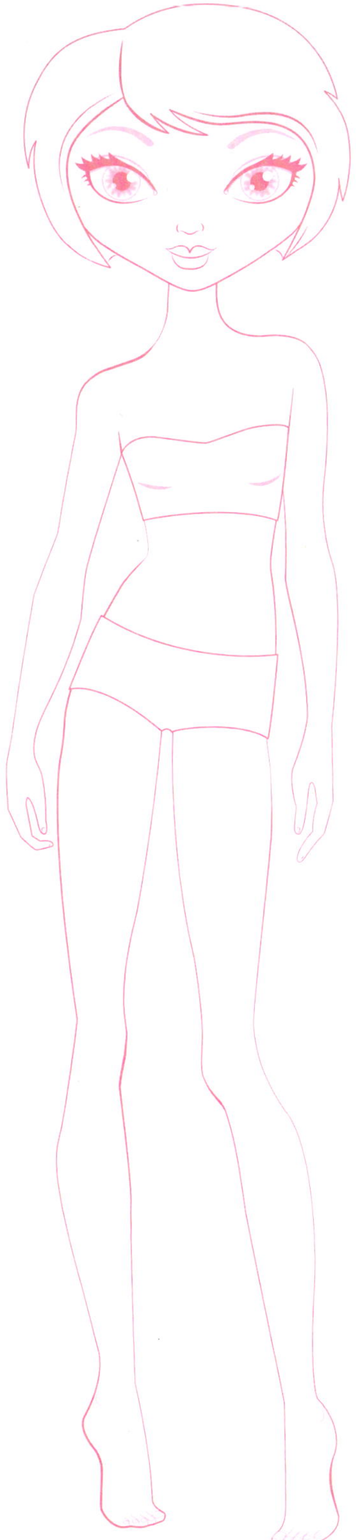

NAME · NOM · NOMBRE
D- NAMEN I- NOMI P- NOME NL- NAMEN

DATE · DATE · FECHA
D- DATUM I- DATA P- DATA NL- DATUM

DETAILS · DÉTAILS · DETALLES
D- DETAILS I- DETTAGLI P- DETALHES NL- DETAILS

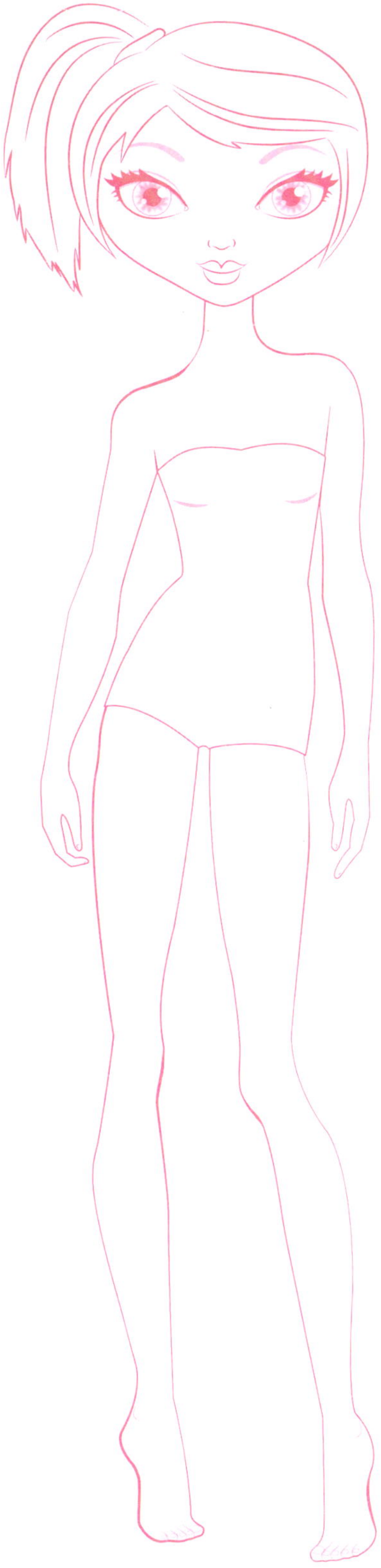

NAME · NOM · NOMBRE
D- NAMEN I- NOMI P- NOME NL- NAMEN

DATE · DATE · FECHA
D- DATUM I- DATA P- DATA NL- DATUM

DETAILS · DÉTAILS · DETALLES
D- DETAILS I- DETTAGLI P- DETALHES NL- DETAILS

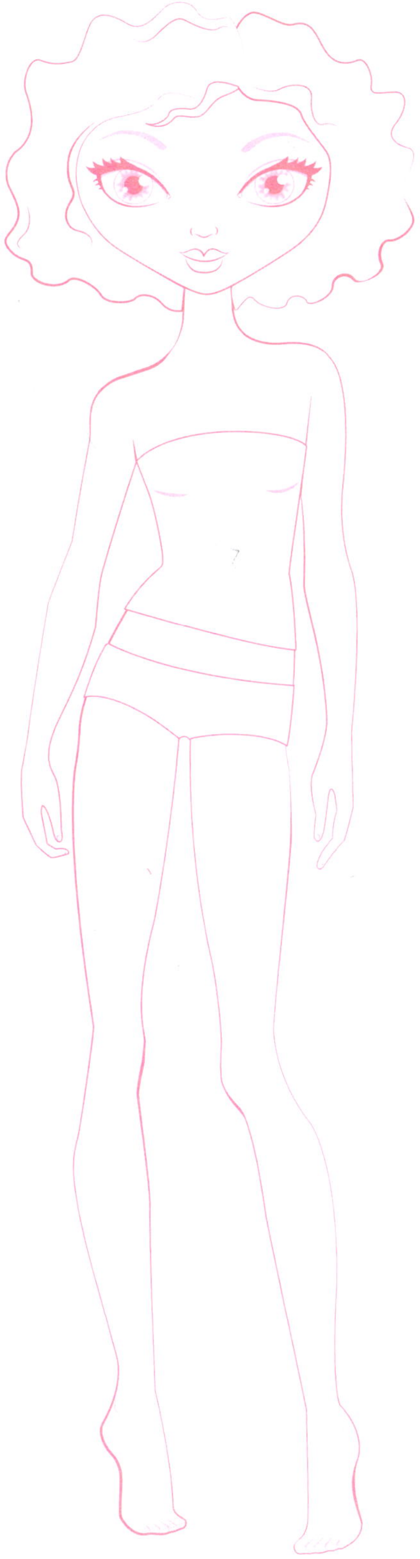

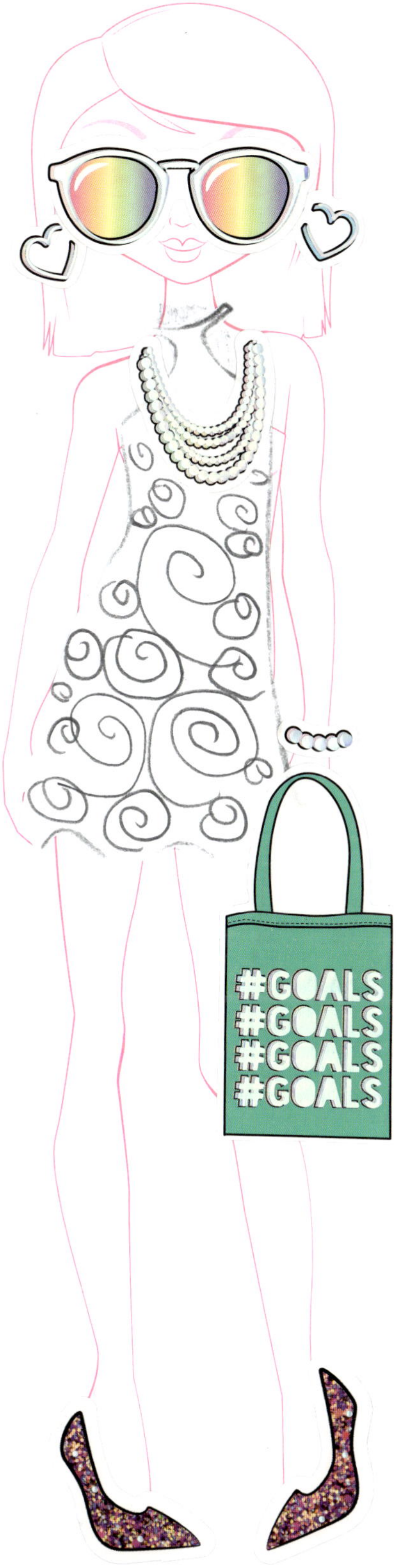

NAME · NOM · NOMBRE
D- NAMEN I- NOMI P- NOME NL- NAMEN

DATE · DATE · FECHA
D- DATUM I- DATA P- DATA NL- DATUM

DETAILS · DÉTAILS · DETALLES
D- DETAILS I- DETTAGLI P- DETALHES NL- DETAILS

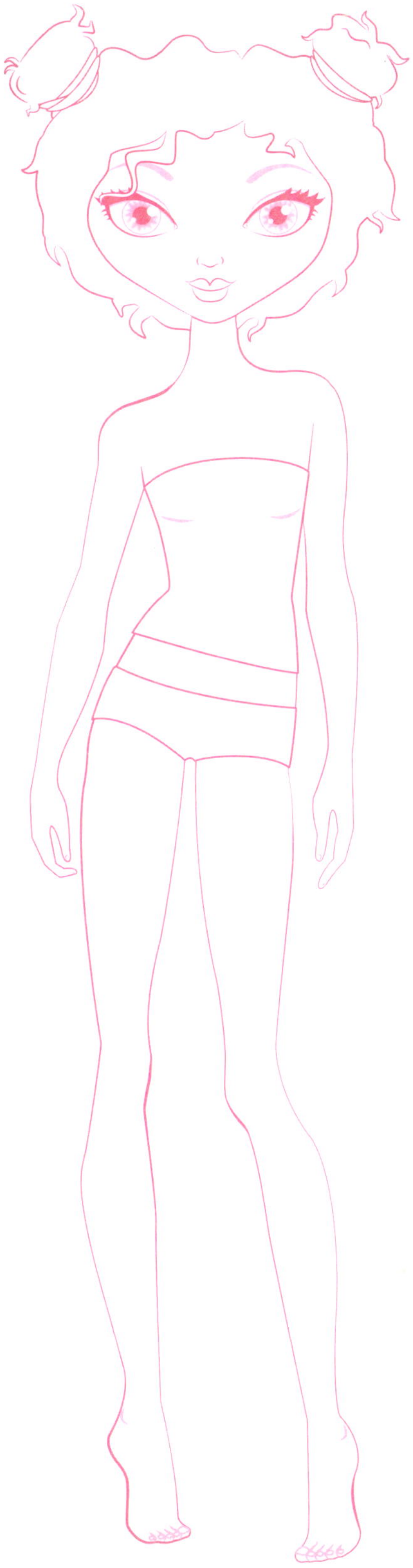

NAME · NOM · NOMBRE
D- NAMEN I- NOMI P- NOME NL- NAMEN

DATE · DATE · FECHA
D- DATUM I- DATA P- DATA NL- DATUM

DETAILS · DÉTAILS · DETALLES
D- DETAILS I- DETTAGLI P- DETALHES NL- DETAILS

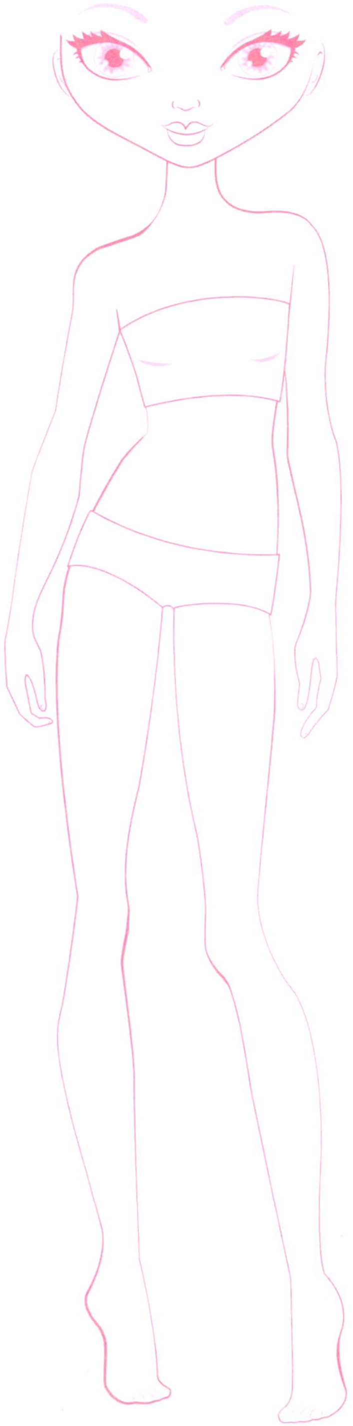

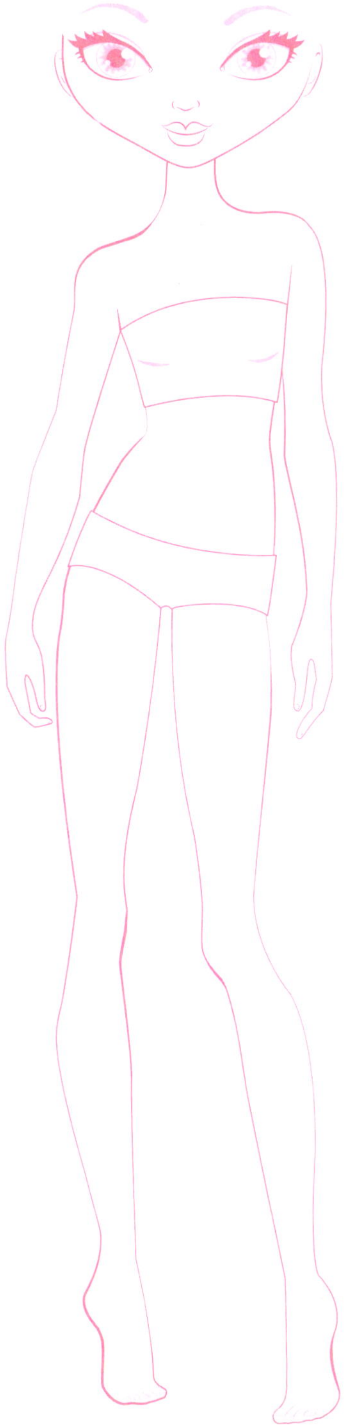

NAME · NOM · NOMBRE
D- NAMEN I- NOMI P- NOME NL- NAMEN

DATE · DATE · FECHA
D- DATUM I- DATA P- DATA NL- DATUM

DETAILS · DÉTAILS · DETALLES
D- DETAILS I- DETTAGLI P- DETALHES NL- DETAILS

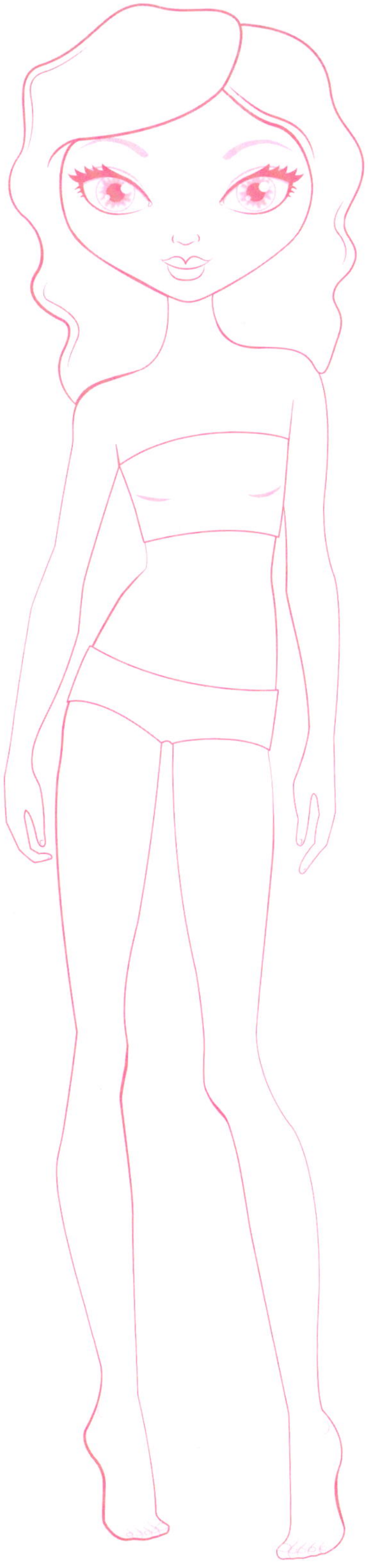

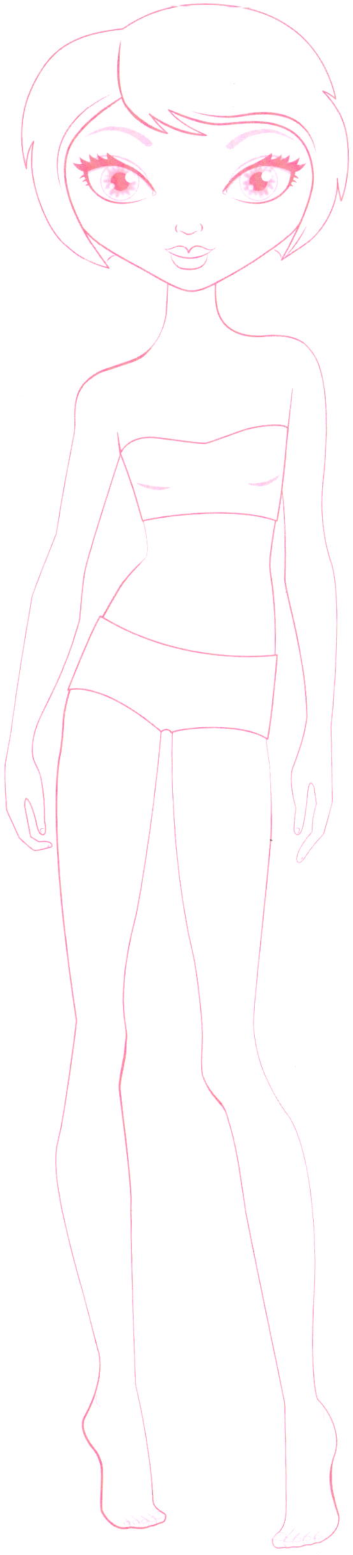

NAME · NOM · NOMBRE
D- NAMEN I- NOMI P- NOME NL- NAMEN

DATE · DATE · FECHA
D- DATUM I- DATA P- DATA NL- DATUM

DETAILS · DÉTAILS · DETALLES
D- DETAILS I- DETTAGLI P- DETALHES NL- DETAILS

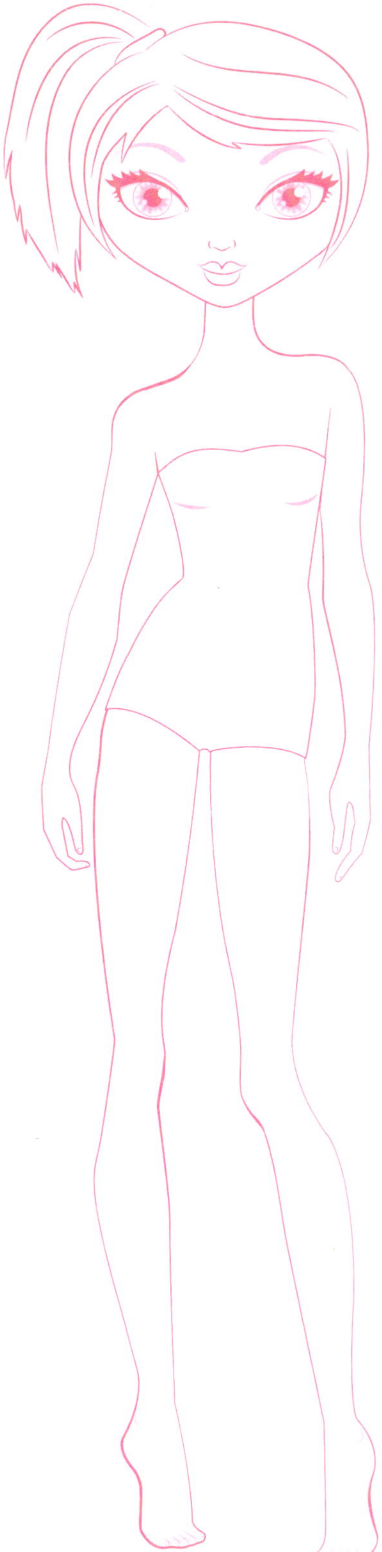

NAME · NOM · NOMBRE
D- NAMEN I- NOMI P- NOME NL- NAMEN

DATE · DATE · FECHA
D- DATUM I- DATA P- DATA NL- DATUM

DETAILS · DÉTAILS · DETALLES
D- DETAILS I- DETTAGLI P- DETALHES NL- DETAILS

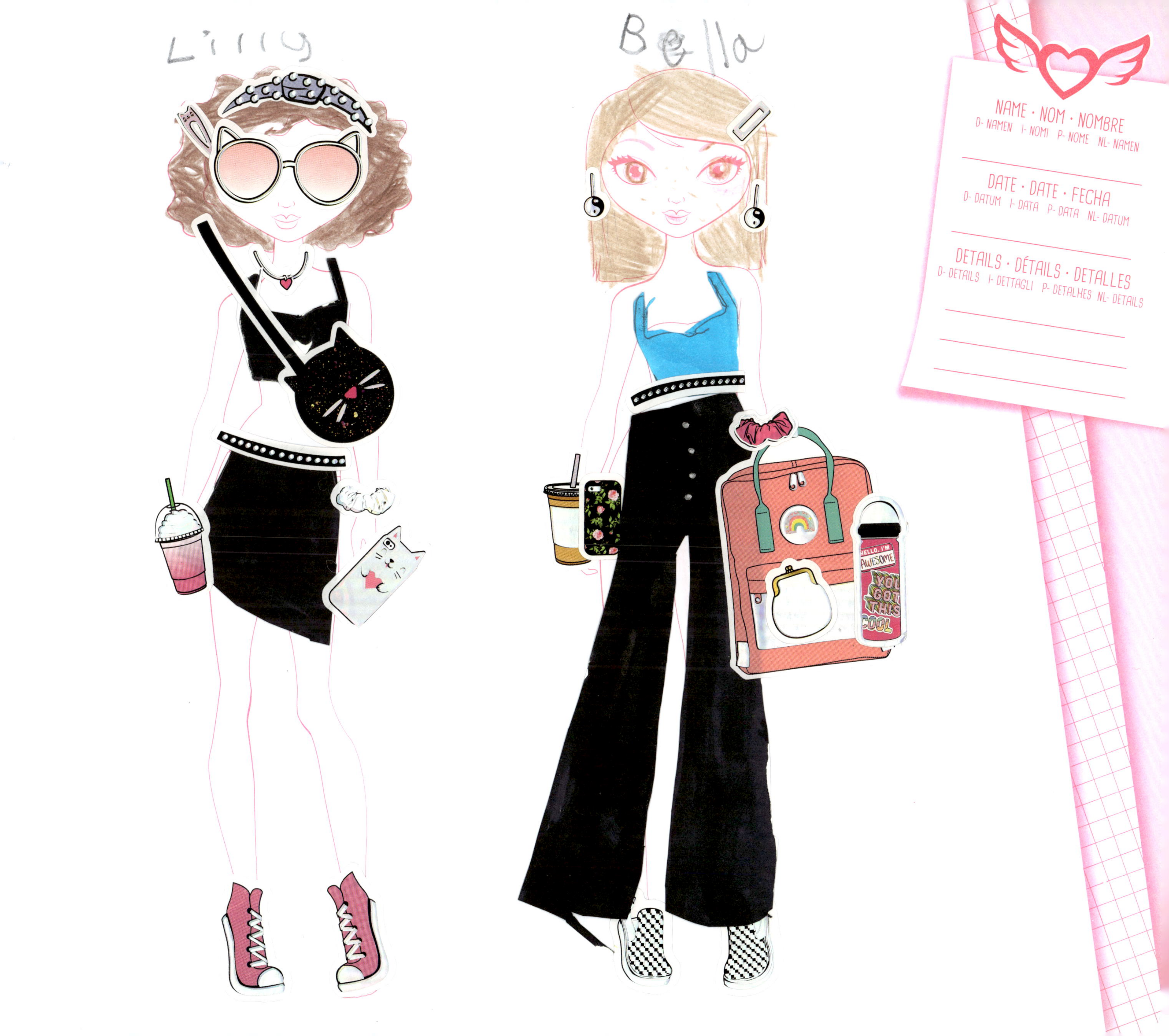
Lilly
Bella
HELLO, I'M
AWESOME
NAME · NOM · NOMBRE
D- NAMEN I- NOMI P- NOME NL- NAMEN
DATE · DATE · FECHA
D- DATUM I- DATA P- DATA NL- DATUM
DETAILS · DÉTAILS · DETALLES
D- DETAILS I- DETTAGLI P- DETALHES NL- DETAILS

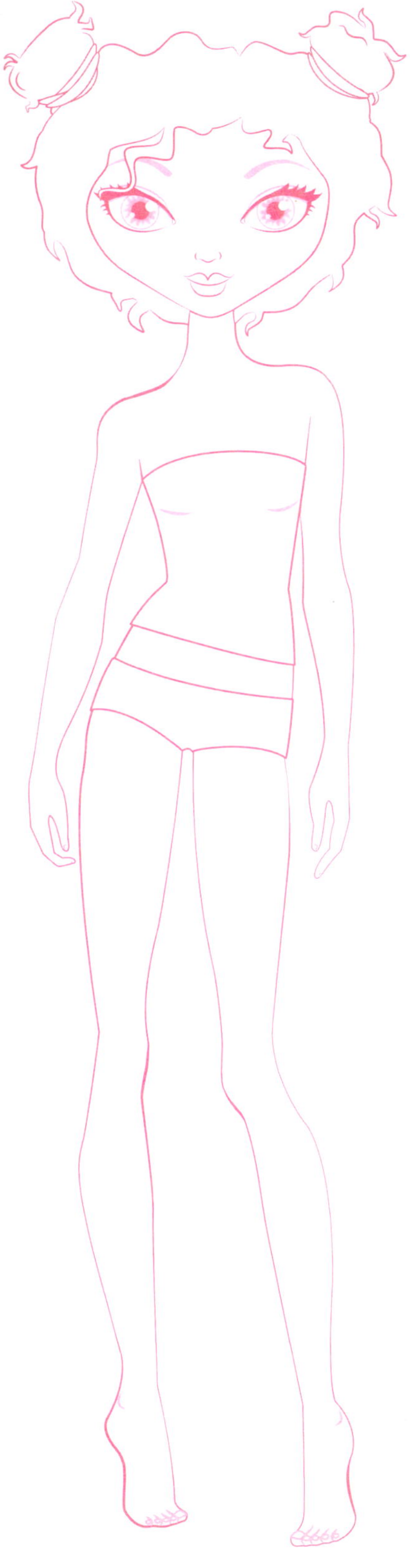

NAME · NOM · NOMBRE

D- NAMEN I- NOMI P- NOME NL- NAMEN

DATE · DATE · FECHA

D- DATUM I- DATA P- DATA NL- DATUM

DETAILS · DÉTAILS · DETALLES

D- DETAILS I- DETTAGLI P- DETALHES NL- DETAILS

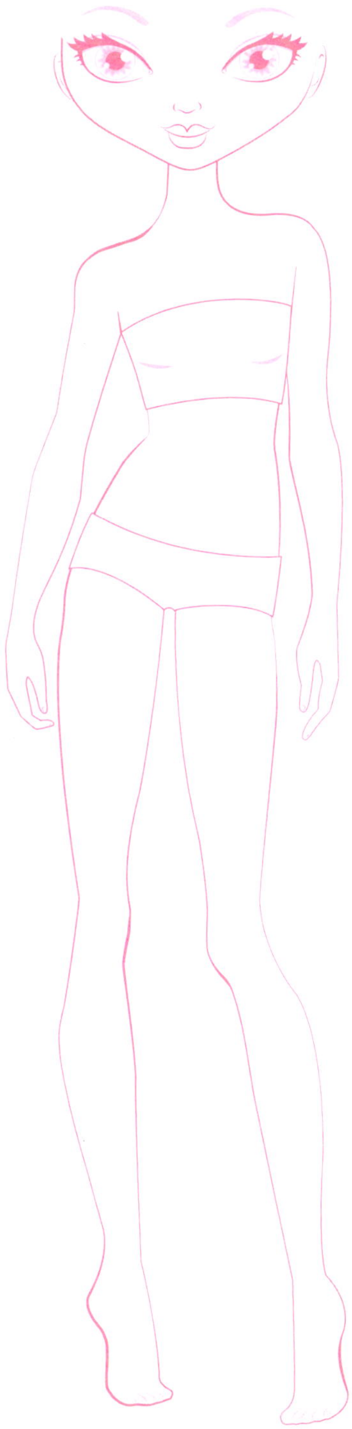

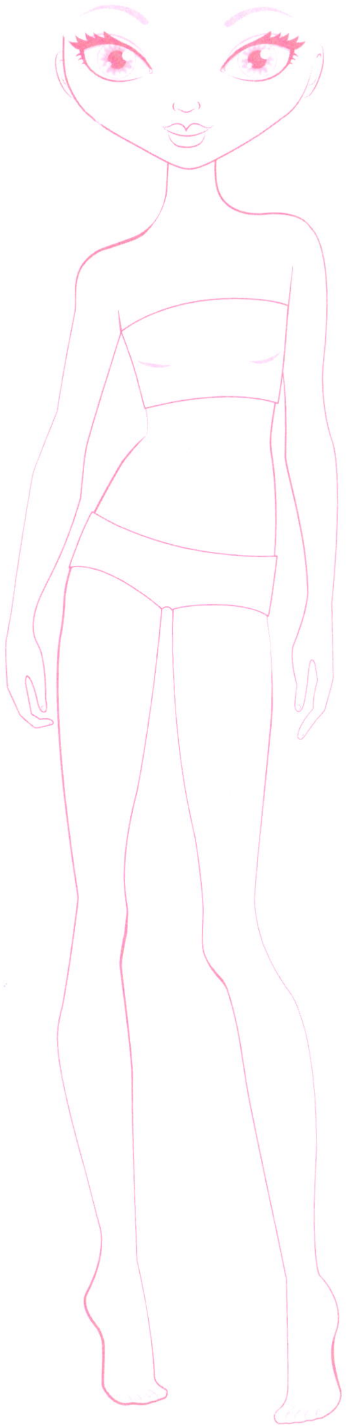

NAME · NOM · NOMBRE

D- NAMEN I- NOMI P- NOME NL- NAMEN

DATE · DATE · FECHA

D- DATUM I- DATA P- DATA NL- DATUM

DETAILS · DÉTAILS · DETALLES

D- DETAILS I- DETTAGLI P- DETALHES NL- DETAILS

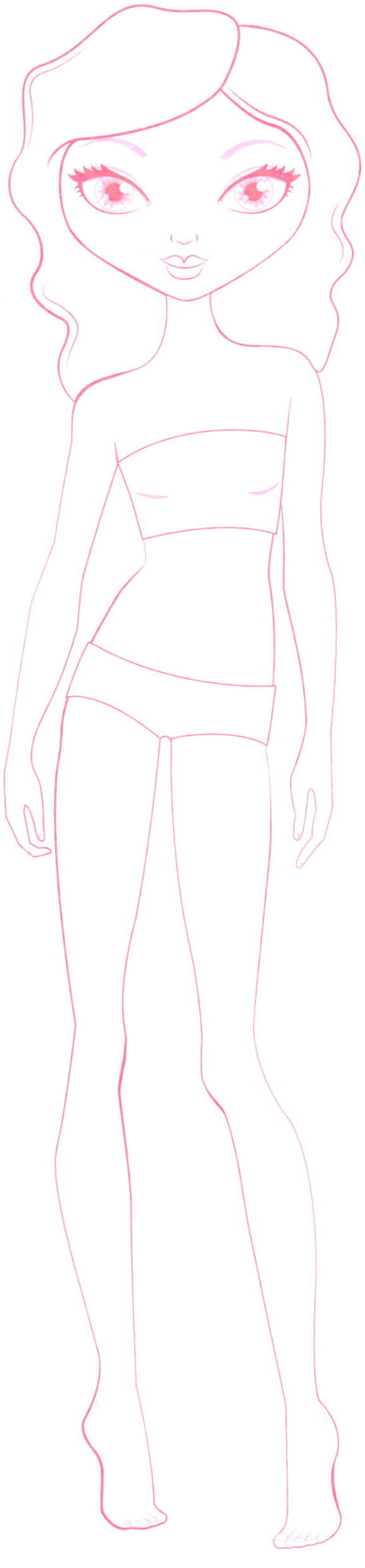

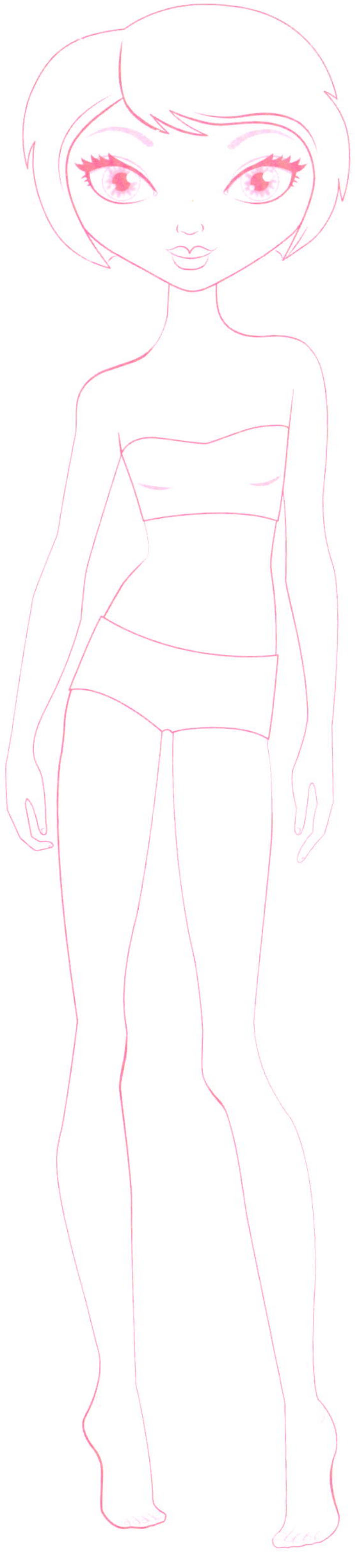

NAME · NOM · NOMBRE
D- NAMEN I- NOMI P- NOME NL- NAMEN

DATE · DATE · FECHA
D- DATUM I- DATA P- DATA NL- DATUM

DETAILS · DÉTAILS · DETALLES
D- DETAILS I- DETTAGLI P- DETALHES NL- DETAILS

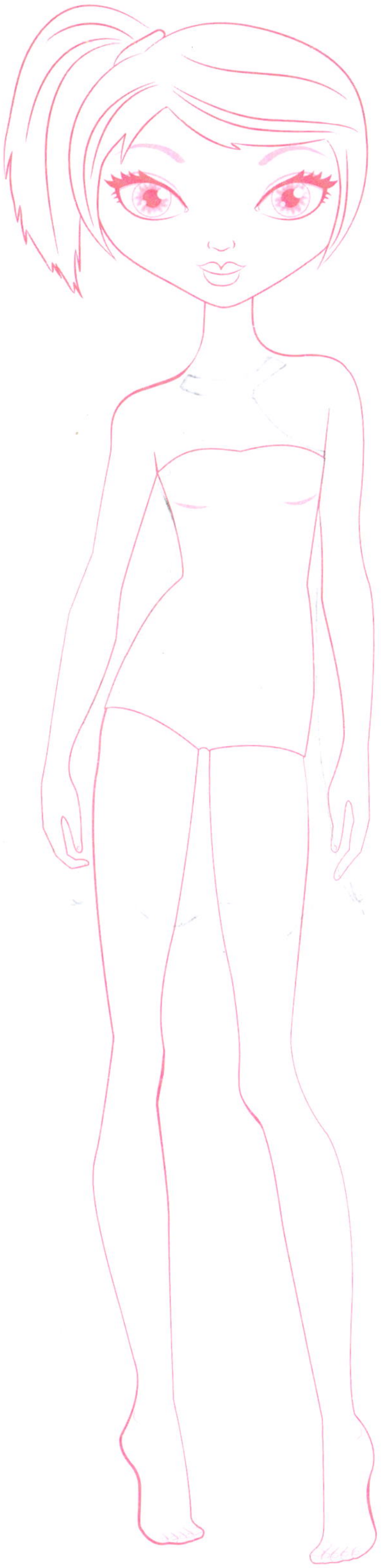

NAME · NOM · NOMBRE
D- NAMEN I- NOMI P- NOME NL- NAMEN

DATE · DATE · FECHA
D- DATUM I- DATA P- DATA NL- DATUM

DETAILS · DÉTAILS · DETALLES
D- DETAILS I- DETTAGLI P- DETALHES NL- DETAILS

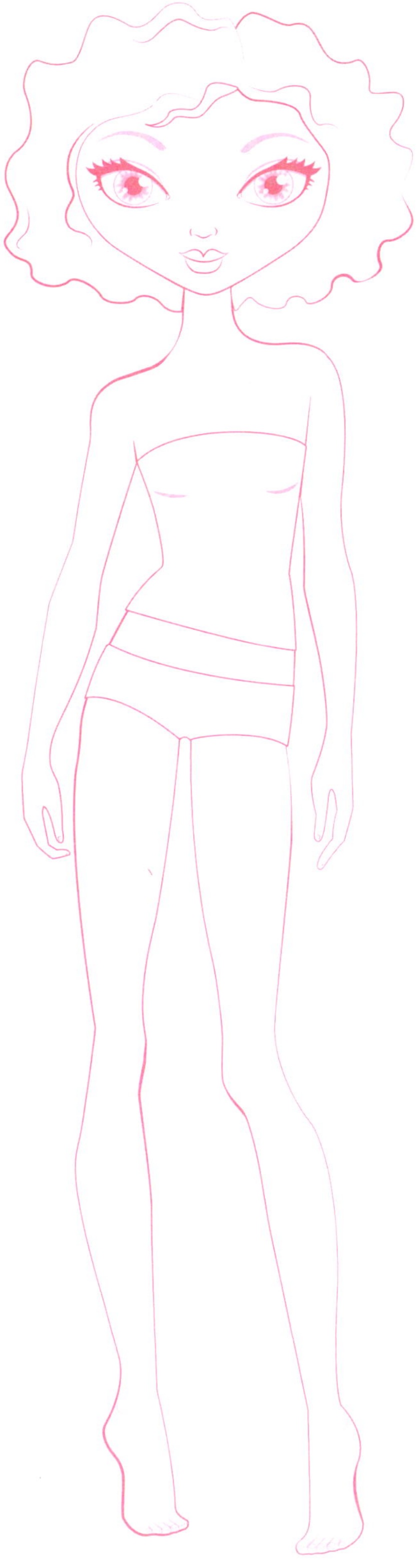

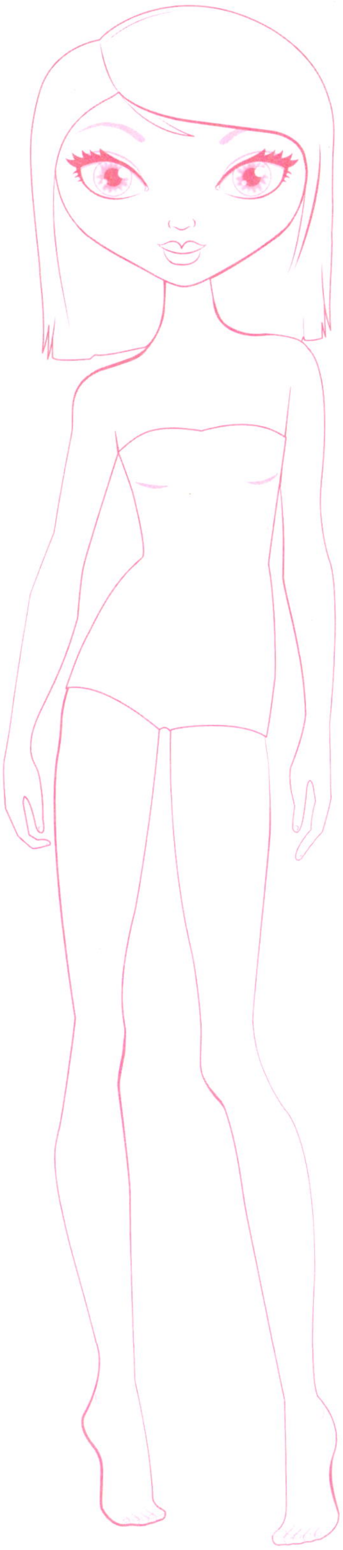

NAME · NOM · NOMBRE
D- NAMEN I- NOMI P- NOME NL- NAMEN

DATE · DATE · FECHA
D- DATUM I- DATA P- DATA NL- DATUM

DÉTAILS · DÉTAILS · DETALLES
D- DETAILS I- DETTAGLI P- DETALHES NL- DETAILS

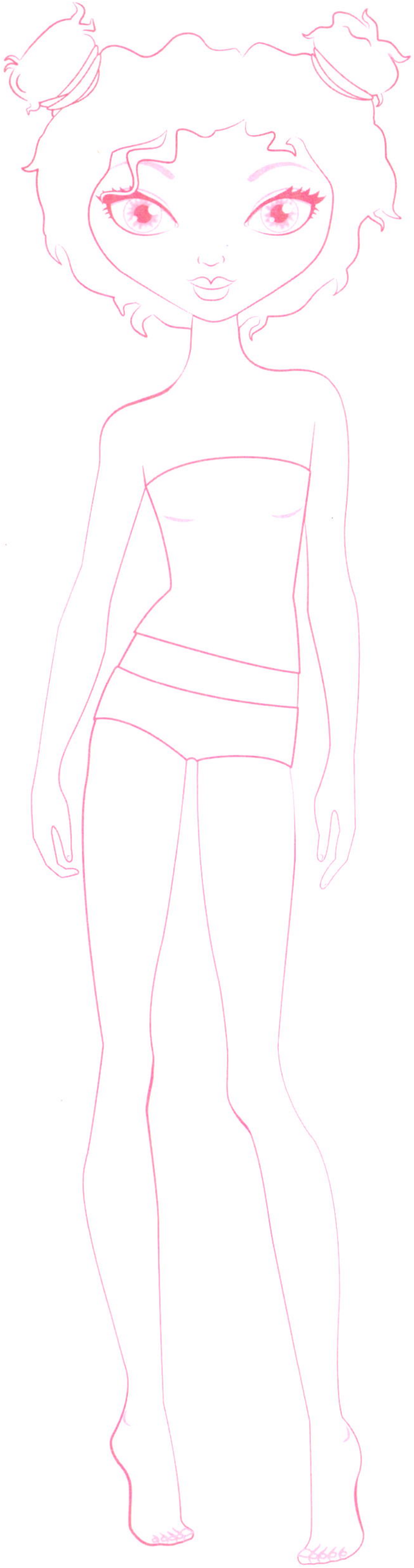

NAME · NOM · NOMBRE
D- NAMEN I- NOMI P- NOME NL- NAMEN

DATE · DATE · FECHA
D- DATUM I- DATA P- DATA NL- DATUM

DÉTAILS · DÉTAILS · DETALLES
D- DETAILS I- DETTAGLI P- DETALHES NL- DETAILS

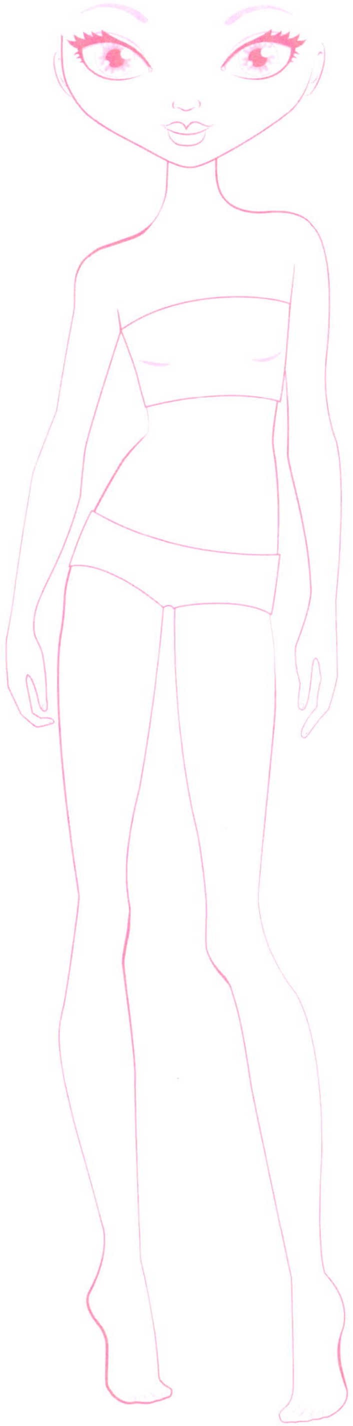

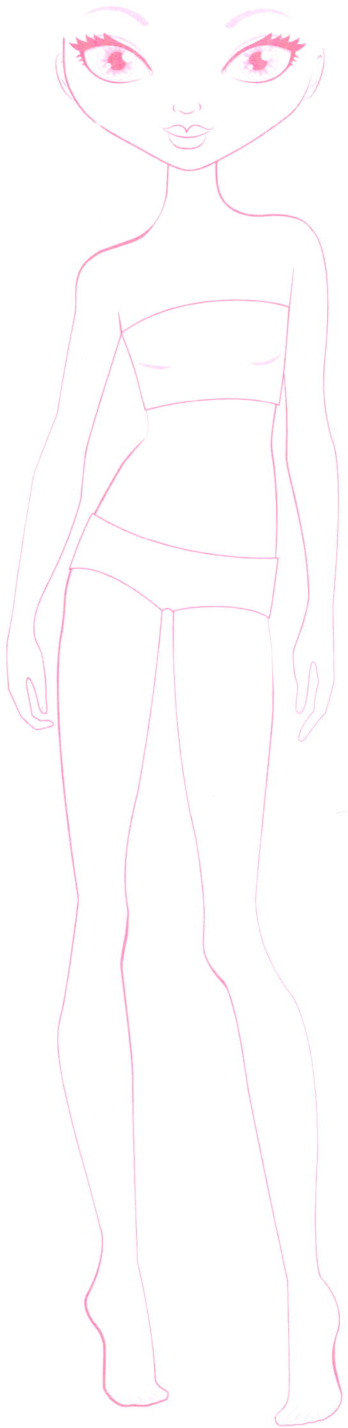

NAME · NOM · NOMBRE
D- NAMEN I- NOMI P- NOME NL- NAMEN

DATE · DATE · FECHA
D- DATUM I- DATA P- DATA NL- DATUM

DETAILS · DÉTAILS · DETALLES
D- DETAILS I- DETTAGLI P- DETALHES NL- DETAILS

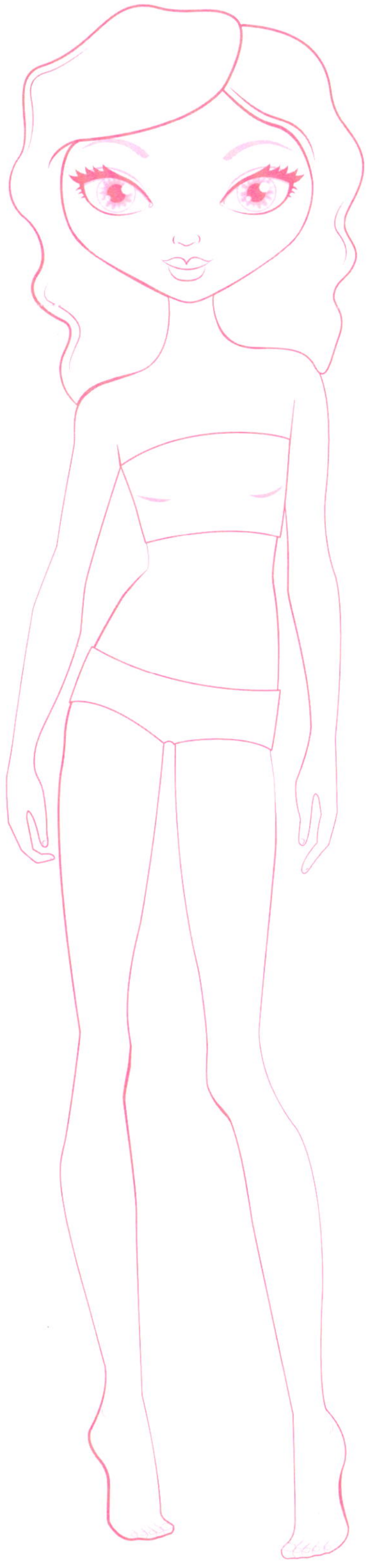

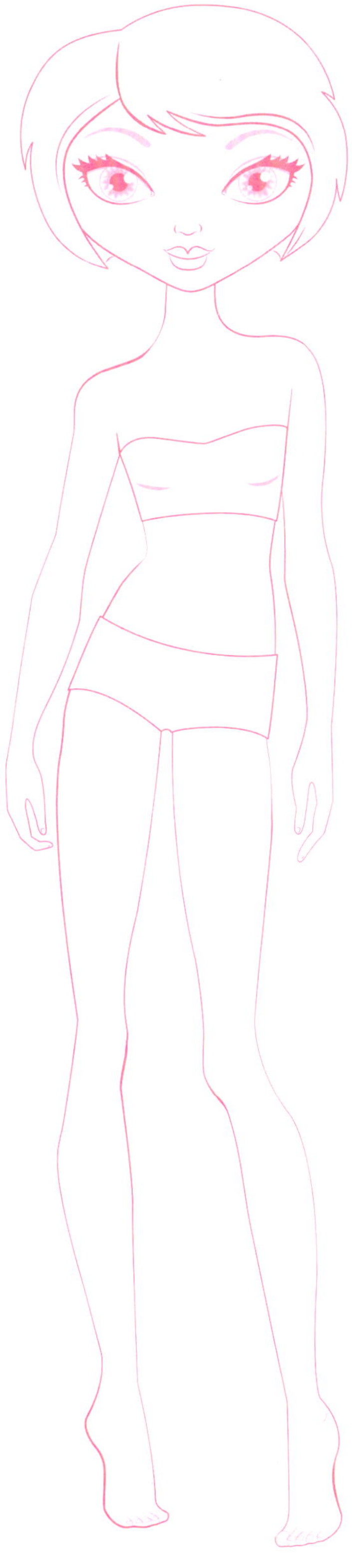

NAME · NOM · NOMBRE
D- NAMEN I- NOMI P- NOME NL- NAMEN

DATE · DATE · FECHA
D- DATUM I- DATA P- DATA NL- DATUM

DETAILS · DÉTAILS · DETALLES
D- DETAILS I- DETTAGLI P- DETALHES NL- DETAILS

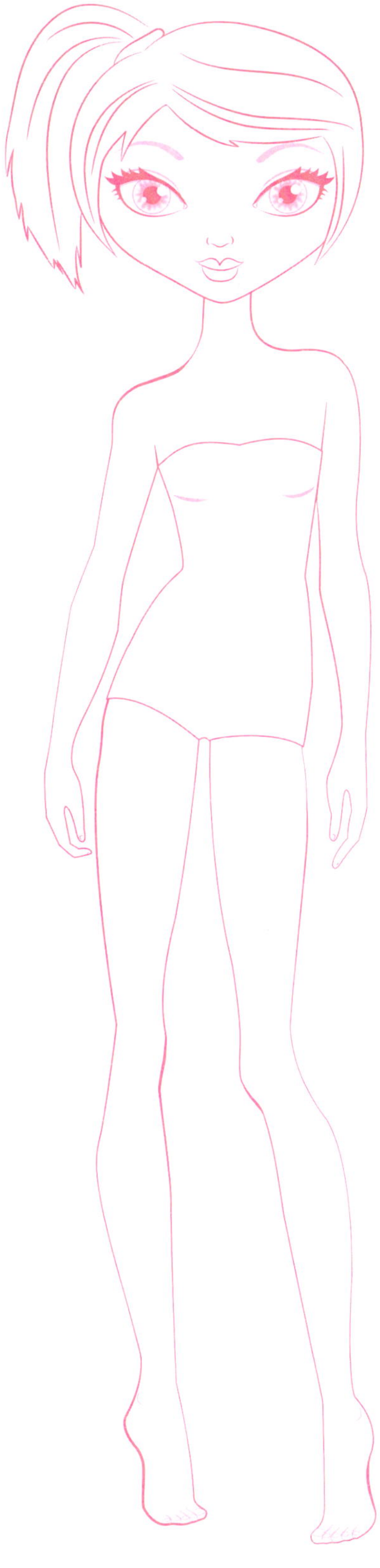

NAME · NOM · NOMBRE
D- NAMEN I- NOMI P- NOME NL- NAMEN

DATE · DATE · FECHA
D- DATUM I- DATA P- DATA NL- DATUM

DETAILS · DÉTAILS · DETALLES
D- DETAILS I- DETTAGLI P- DETALHES NL- DETAILS

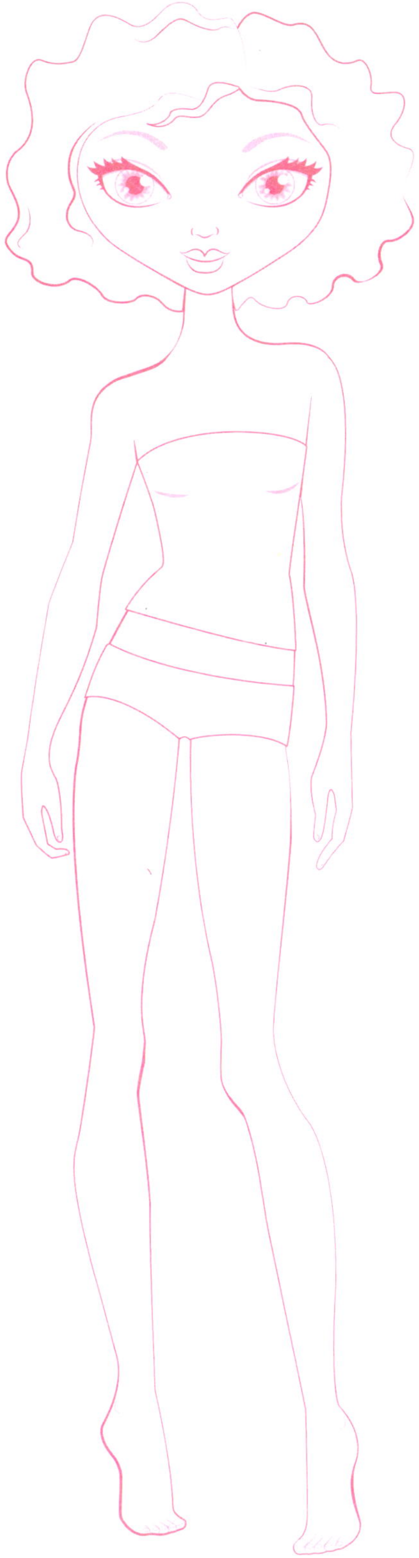

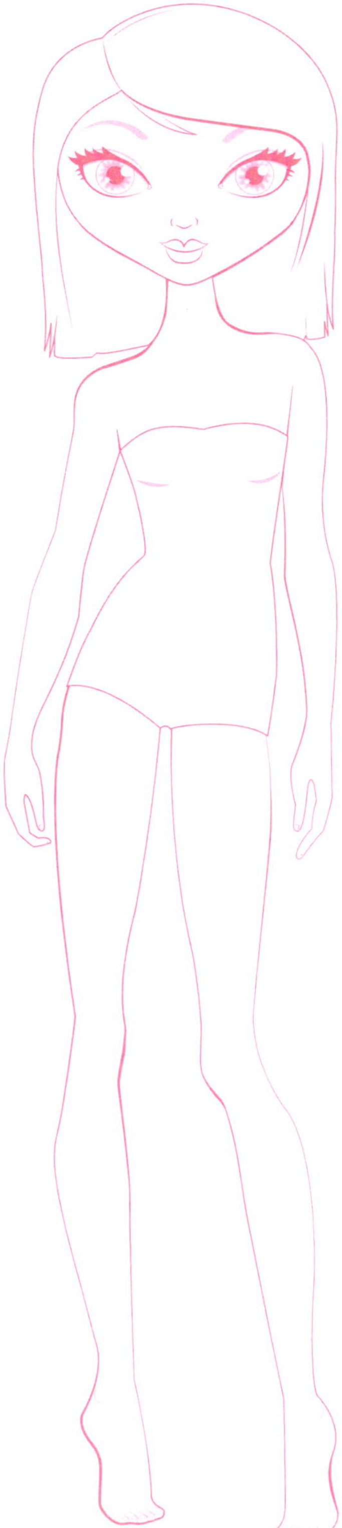

NAME · NOM · NOMBRE
D- NAMEN I- NOMI P- NOME NL- NAMEN

DATE · DATE · FECHA
D- DATUM I- DATA P- DATA NL- DATUM

DETAILS · DÉTAILS · DETALLES
D- DETAILS I- DETTAGLI P- DETALHES NL- DETAILS

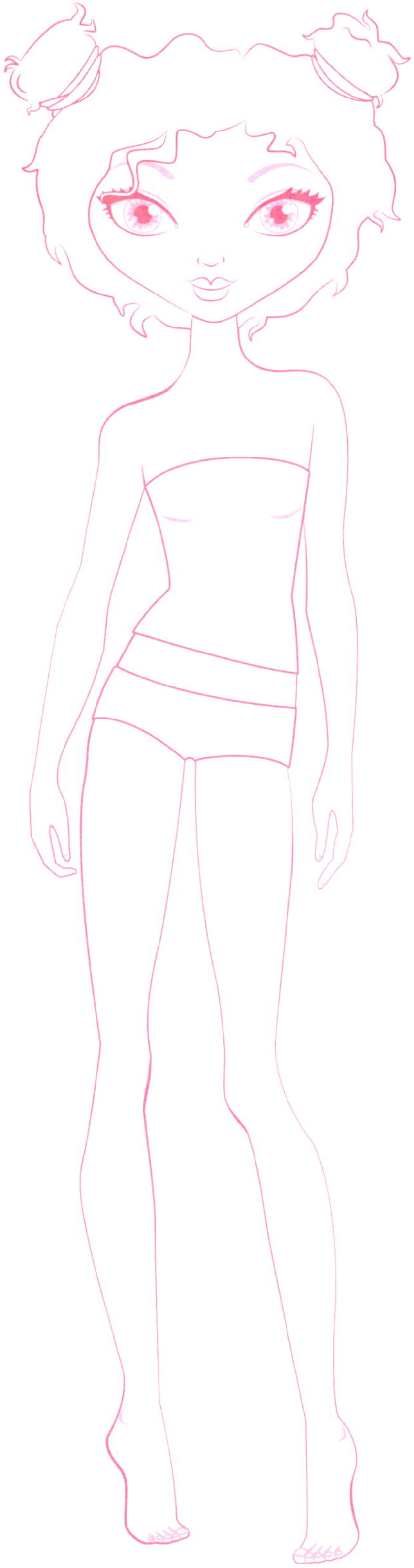

NAME · NOM · NOMBRE
D- NAMEN I- NOMI P- NOME NL- NAMEN

DATE · DATE · FECHA
D- DATUM I- DATA P- DATA NL- DATUM

DETAILS · DÉTAILS · DETALLES
D- DETAILS I- DETTAGLI P- DETALHES NL- DETAILS

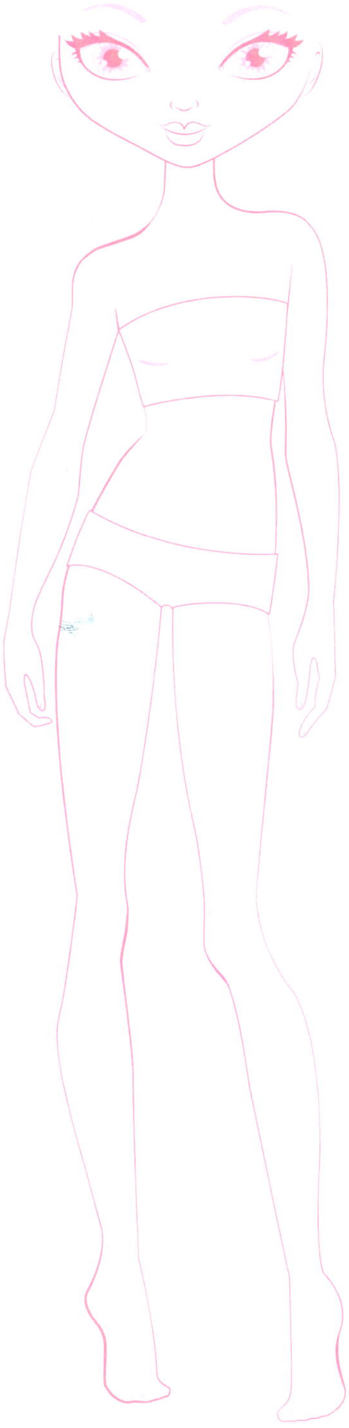

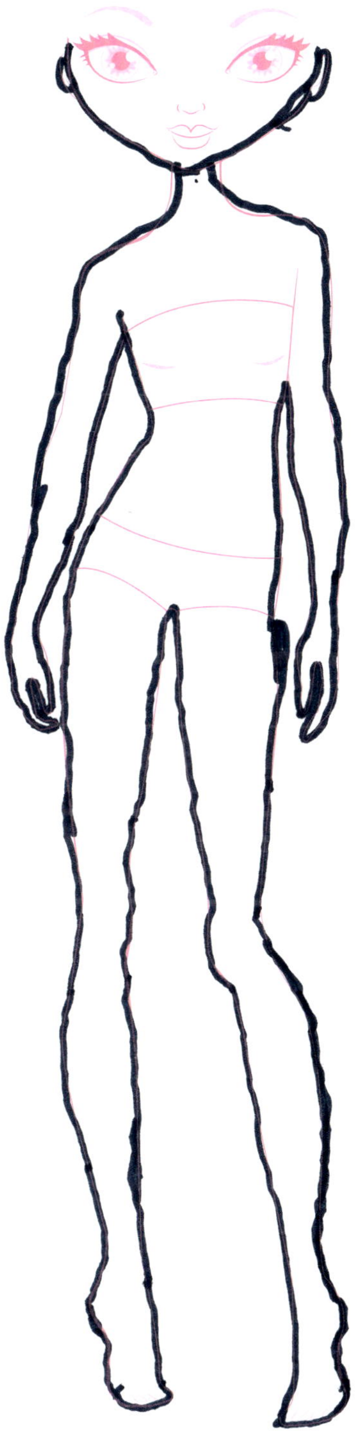

NAME · NOM · NOMBRE

D- NAMEN I- NOMI P- NOME NL- NAMEN

DATE · DATE · FECHA

D- DATUM I- DATA P- DATA NL- DATUM

DETAILS · DÉTAILS · DETALLES

D- DETAILS I- DETTAGLI P- DETALHES NL- DETAILS

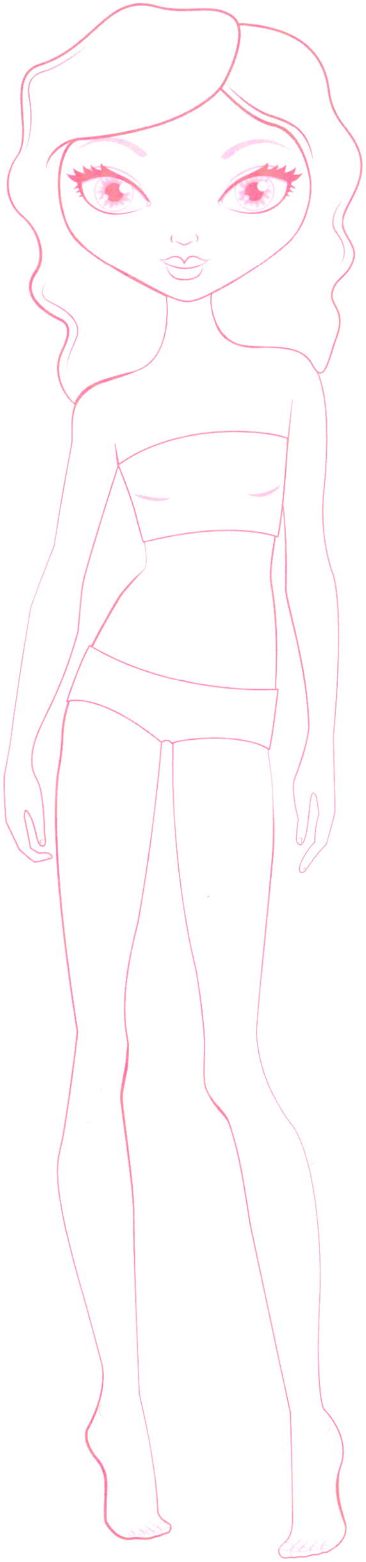

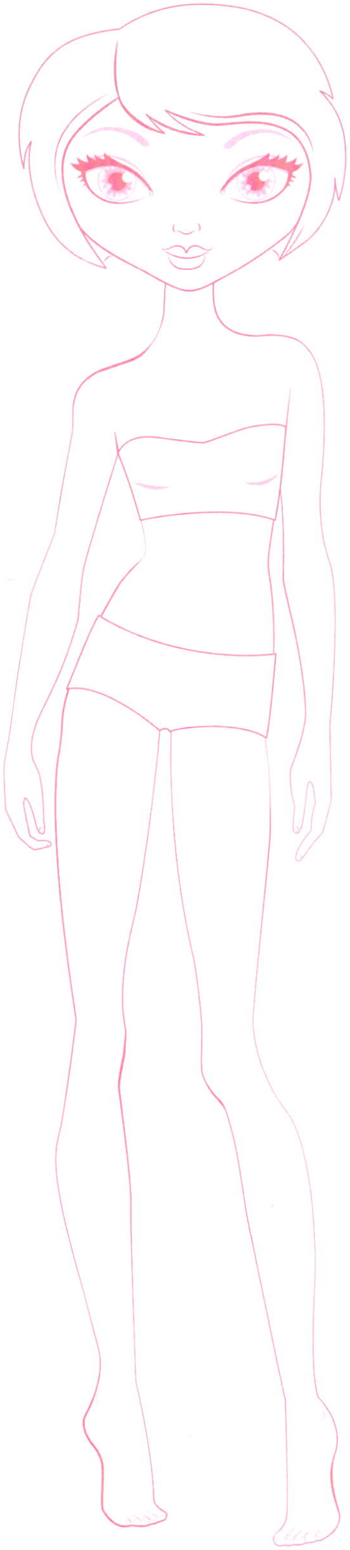

NAME · NOM · NOMBRE

D- NAMEN I- NOMI P- NOME NL- NAMEN

DATE · DATE · FECHA

D- DATUM I- DATA P- DATA NL- DATUM

DETAILS · DÉTAILS · DETALLES

D- DETAILS I- DETTAGLI P- DETALHES NL- DETAILS

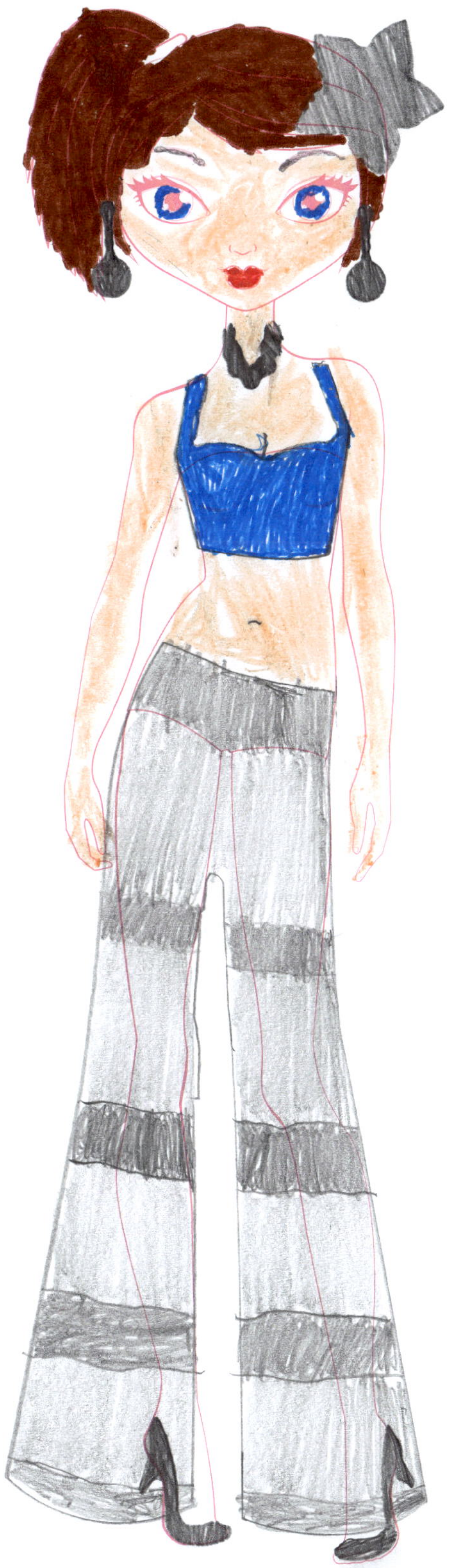

NAME · NOM · NOMBRE
D- NAMEN I- NOMI P- NOME NL- NAMEN

DATE · DATE · FECHA
D- DATUM I- DATA P- DATA NL- DATUM

DETAILS · DÉTAILS · DETALLES
D- DETAILS I- DETTAGLI P- DETALHES NL- DETAILS

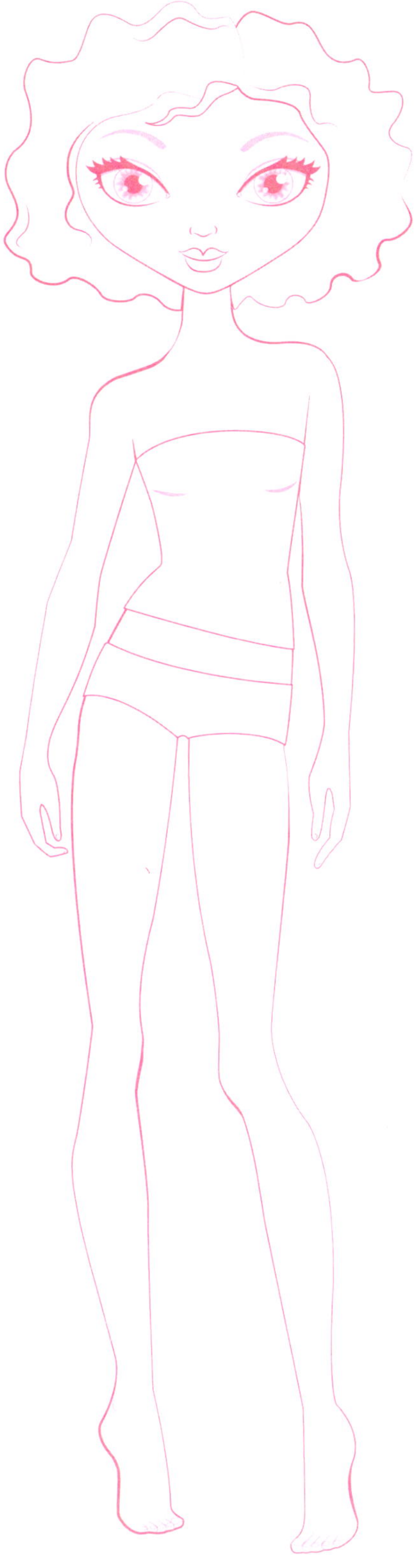

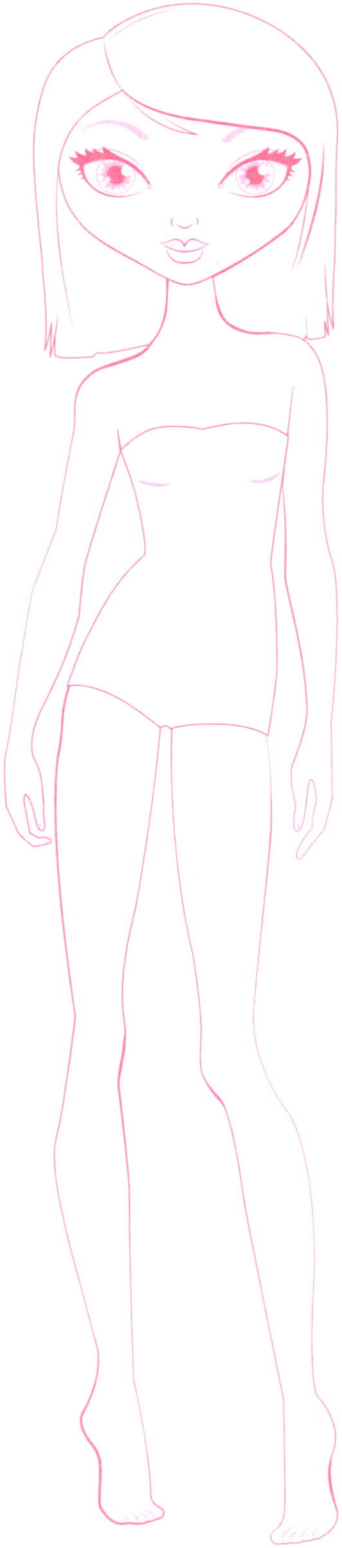

NAME · NOM · NOMBRE
D- NAMEN I- NOMI P- NOME NL- NAMEN

DATE · DATE · FECHA
D- DATUM I- DATA P- DATA NL- DATUM

DETAILS · DÉTAILS · DETALLES
D- DETAILS I- DETTAGLI P- DETALHES NL- DETAILS

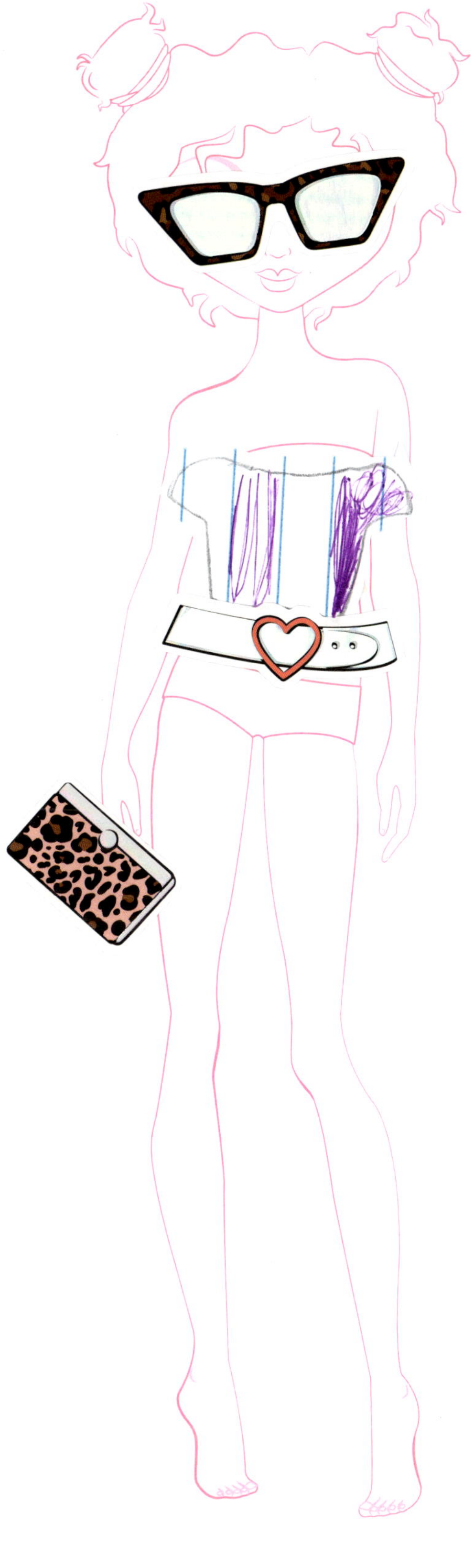

NAME · NOM · NOMBRE
D- NAMEN I- NOMI P- NOME NL- NAMEN

DATE · DATE · FECHA
D- DATUM I- DATA P- DATA NL- DATUM

DETAILS · DÉTAILS · DETALLES
D- DETAILS I- DETTAGLI P- DETALHES NL- DETAILS

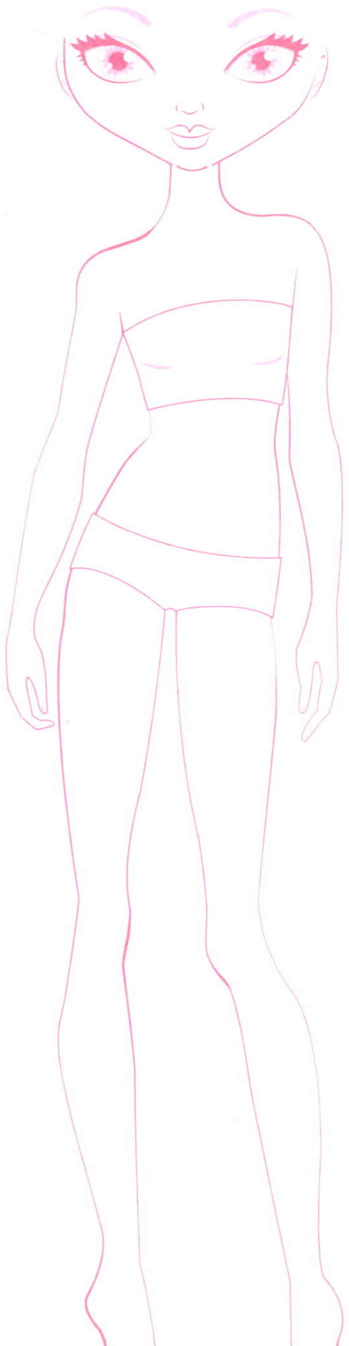

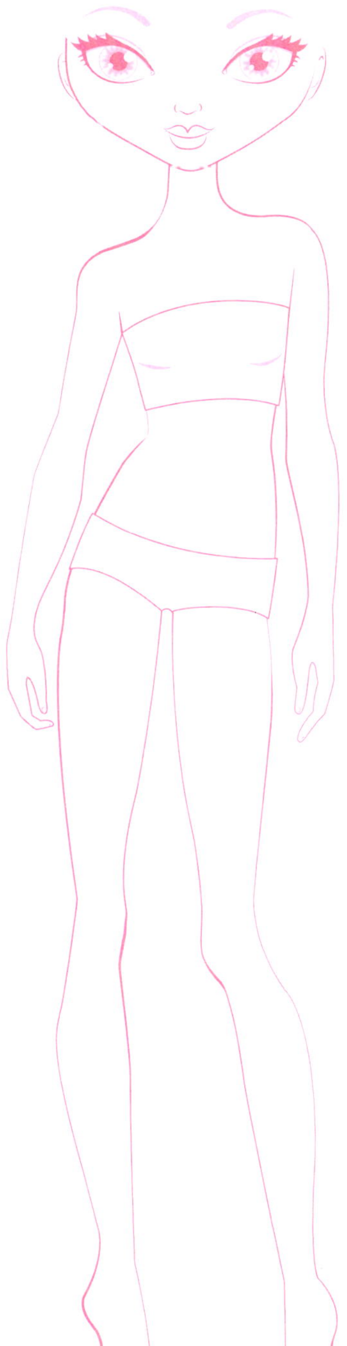

NAME · NOM · NOMBRE
D- NAMEN I- NOMI P- NOME NL- NAMEN

DATE · DATE · FECHA
D- DATUM I- DATA P- DATA NL- DATUM

DETAILS · DÉTAILS · DETALLES
D- DETAILS I- DETTAGLI P- DETALHES NL- DETAILS